暮らしを彩る 美しい牡丹と芍薬

PEONIES

Contents

日本のピオニー

〜ボタンとシャクヤクの違い〜

英語でいう「Peony（ピオニー）」は、ボタン属の植物全般のことを指します。学名は「Paeonia」。

日本では、「ボタン」、「シャクヤク」という別の花として区別して親しまれています。

ボタンとシャクヤクは、一見するとかなり似た花ですが、よくよく見ると少しずつ違いがあります。

牡丹 ボタン

落葉小低木。

学名は *Paeonia suffruticosa*

葉は薄くつやがない。

葉先が3つに分かれる。

つぼみの先端が尖り、4月下旬〜5月初旬に開花。

花弁は1枚ずつバラバラと散るが、間を置かず一気に散る。

落葉後、冬にも幹が地上に残る。

芍薬 シャクヤク

多年草。

学名は *Paeonia lactiflora*

葉に厚みがあり、光沢がある。

枝先の葉以外は3つに分かれない。

つぼみは丸く、ボタンの花が散った5月中旬に開花。

散るときは、花ごとぽとりと落ちる。

冬に葉や茎が枯れて、地上部がなくなる。

大きく分けると**ボタンは木、シャクヤクは草**に分類されます。葉の形や散り方、香りなどにもちょっとした違いがあります。どちらも大輪の美しい花ですが、その違いに目を向けてみるのも楽しいかもしれません。

英語ではどちらも**ピオニー**と称され、木本性のピオニー（ボタン、Tree Peonies）、草本性のピオニー（シャクヤク、Herbacious Peonies）と解説されます。本書英語版でも大抵はピオニーと記載されていますが、明確に区別されて表記されているときのみ、和文版では「ボタン」「シャクヤク」と言葉を使い分けています。

－ はじめに －

INTRODUCTION

東洋には「牡丹観賞」という習慣があります。中国や日本では毎年春になると、

何万人もの人々が恒例の牡丹祭に出かけて、

満開のボタンやシャクヤクで埋め尽くされた庭園へと向かいます。

考えに耽りながら散策したり、華やかな香りに包まれながら飲み物を味わったり、

至高の花をじっくりと観察してそれぞれの品種の複雑な花の作りを発見したりと、思い思いに楽しむのです。

縁がフリルのようになったもの、ひだが寄っているもの、

カールしたものなど花の世界のマリー・アントワネットのような絢爛豪華な花もあれば、

ギリシャ彫刻のような完璧な姿の花もあります。

どの花もつぼみが開くに従って、アート作品顔負けの豊かな色が広がり、

水彩画のような柔らかな色調や、ヴィヴィッドで鮮烈な原色や、

キャンディーショップから抜け出たようなスウィートな色が組み合わさって、目を楽しませてくれます。

花のパーツ1つ1つが相まって、目にも鮮やかな花の宴を作り上げているのです。

世界中のどこよりも多くの自生種がある中国は、ピオニーの比類なき美しさを正当に評価した最初の国です。東洋では、ピオニーは幸運、繁栄、名誉、幸せな結婚の象徴とされました。さらに薬としての効果が認められ、西洋にも紹介されますが、そこでは薬効のみならず、新たな価値が見出されます。その優雅な姿や、突然変異が出やすいという性質もあって、愛好家たちは新しい品種を作出すれば、かなり経済的な利益を上げられるのではないかと考えました。

自然界には約40種のピオニーが自生しており、その正確な数については植物学者たちの論争の的となっています。ボタンの野生種には5枚の花弁がありますが、5枚未満の場合もあります。シャクヤクにはより多くの花弁がありますが、自然下での変異、数世紀をかけた丁寧な栽培、ボタンとシャクヤクそれぞれの優良な種を交配した結果、多様な品種が生まれ、数々のピオニーが販売されています。

園芸品種は3つのタイプに分かれます。1つ目は木本のボタン(低木)で、幹に花と葉がつき、毎年秋になると落葉します。2つ目は草本に分類されるシャクヤクで、春になると地面から新芽が出て花が咲き、秋になると茎や葉が枯れます。3つ目は伊藤ハイブリッドあるいはハイブリッドシャクヤクと呼ばれるもので、ボタンとシャクヤクの最良の特徴が組み合わさった花です。1970年代に初めて品種登録され、短い木の幹から毎年しっかりとした芽が出て、

ピオニーの花の各部位

柱頭
仮雄蕊 (かりゆうずい)
外花弁
日本系ピオニー

花弁
おしべ
心皮から伸びる柱頭
萼片
一重咲きのピオニー

花が咲いても支えを必要としません。ハイブリッドシャクヤクの強みは花がたくさん咲き、ボタンよりも開花期間が長く、シャクヤクの多様な品種や豊かな色彩を受け継いでいることです。

どの品種も頑丈で長生き。50年から100年生きるものも珍しくなく、比較的病気にも強く、ナメクジを寄せ付けません。また葉を食い荒らす鹿やウサギの興味を引かない点も重要です。

ピオニーはつぼみを覆う緑の萼片 (がくへん)、花弁、おしべ (花粉を含んだ葯 (やく) とこれを支える花糸 (かし))、さや (早実) を作る子房を包み込む心皮からなっています。心皮の先端には湿った柱頭があり、ここに花粉がついて受精が起きます。

人間の手による品種改良や野生ピオニーの交配により、花の各部に変異が生じました。人々はより斬新な品種を求めて、花のあらゆる部分を選択的に改良しました。結果、おそらくピオニーはどの花よりも繁殖力を獲得しましたが、皮肉なことに種子を作ることができず、その繁殖は株分けによるものだけでした。

心皮はなめらかな子房壁に包まれている場合があり、子房壁が多色の場合もあります。心皮が膨れると、このさやが裂けて割れます。心皮の先端の柱頭が花の装いを完璧にし、送粉者 (受粉を媒介する昆虫類) を惹きつけます。おしべはたっぷりの花弁に埋もれていることもあれば、大変化を遂げて仮雄蕊 (かりゆうずい) (葯や花糸が未発達のままのおし

ピオニーの種類

一重咲き

アネモネ咲き(翁咲き)
(外花弁が花弁化した
おしべを包み込んでいる)

日本系
(外花弁が仮雄蕊を
包み込んでいる)

半八重咲き

手毬咲き

八重咲き

べ) になることもあります。仮雄蕊はおしべの形を残しており、黄色い場合がほとんどで、花粉があることも。こうした変化がさらに進むと、花弁状に変化します。このように変化したおしべは絹のような外花弁と調和してコントラストを生み出します。

アメリカ・シャクヤク協会は、種類を見分けるときの参考として、ピオニーを6つのタイプに分けています。一重咲き、日本系、アネモネ咲き(翁咲き)、半八重咲き、八重咲き、そして手毬咲きです。言葉で説明するよりも、イラストの方が各タイプの違いが分かりやすいでしょう(左イラスト参照)。

こんな素敵な花が暮らしの彩りの一部になったら、もうそれなしではいられないでしょう。短期間しか開花しないものもありますが(通常2〜3週間咲き、ボタンはもう少し長いことも)、春半ばから終わりにかけて咲くものや、中には初夏に開花するものもあり、品種ごとに開花期が異なるので、時期の違うピオニーを2〜3種類選んで植えれば、長い間楽しむことができます。

しっかりと根付けば、何年もの間咲き続けます。たとえ開花期が短くとも株が長生きするのが、ピオニーの嬉しいところ。しかもきちんと植えれば、とても強く育ちます。寒さに強いというよりもむしろ、開花するには酷寒にさらされねばなりません。水やりもさほど必要ではなく、放っておいても育ちます。ピオニー栽培で唯一必要なのは、キャベツほども大きくなる八重咲きの大ぶりなシャクヤクの花を支柱で支えることくらいで、支えがあれば一番綺麗な姿を堪能できます。冬の間は枯れたおしべや落葉を片付けて病気を防ぎます。こんなふうにほんの少し手間をかけるだけで、華やかな美しさを楽しむことができます。

ピオニーの楽しみは庭栽培だけに限りません。花屋に行けば、ピオニーが切り花としても一際注目を集める存在であることは一目瞭然です。1本だけでもアレンジメントでもさまになり、特別なイベントで使いたいときにも、涼し

い場所でなら数週間保管することができます。特にシャクヤクは大量栽培されているため、花屋でのアレンにも多用されますが、ボタンやハイブリッドシャクヤクも華やかさでは劣りません(ただしハイブリッドシャクヤクの茎は短めですが)。花束としてこれほど喜ばれる花も珍しく、時間と共に品よく色褪せ、見事な内奥を見せてくれるので、至近距離で眺めるのも楽しいもの。ピオニー観賞の楽しみを知ったら、クセになってしまいます。

こうした華麗な美しさだけでなく、心地よい香りも忘れてはなりません。ピオニーの香りには共通の特徴はなく、品種ごとに強さも匂いも異なります。シトラス系、バラやムスクを思わせる香りもあれば、防腐剤のようなあまり嬉しくない匂いも。いずれにせよ、エッセンシャルオイルの抽出は難しいので、ピオニーの香りを使った商品開発はほぼ不可能でしょう。代わりに、花の中に顔をうずめてこの独特な香りを吸い込んでみてください。暑い夏の朝にピオニーの活けられた部屋の空気を吸えば、満開の花の香りが感じられて、うっとりすること間違いなしです。

もしここで、自分でもピオニーを育ててみたいと思っていただけたなら、本書の目的は叶ったことになります。どんなピオニーを育てるか、選択肢は無数にある上、毎年新しい品種が作出されてその選択肢は無限。本書で紹介するピオニーは筆者個人の好みで選ばれたもので、古くからある花、新しい花、最先端の花が掲載されています。フォトグラファーのジョージアナ・レーンによるスタイリッシュな写真からもわかる通り、ピオニーは豊かな多様性を誇り、どんなテイストにも、どんな庭にも合うものが見つかります。往々にしてガーデンセンターでは数種類しか販売されていませんが、特定の希望があれば、インターネットでピオニー専門の苗木店を探すのが一番の近道でしょう。

あなたにも未来の世代にも、素晴らしい喜びをもたらしてくれる花。移り変わりの激しい現代において、ささやかなピオニー観賞は最高の癒しなのです。

ピオニーの歴史

THE HISTORY OF THE PEONY

「私にとってシャクヤクはつねに６月の象徴だった。

どんなバラよりも大きく、セイヨウバラを思わせる量感だ。

花瓶から落ちるときには、音を立てながらペチコートをテーブルの上に脱ぎ捨て、

すべてが完璧に重なり合う。

バラも同じように突然落ちて、読書や会話に耽っていた者の注意を惹き、

生ける美として存在していた花の死を一瞬の間だけ知らせるのだ」

ヴィタ・サックヴィル＝ウェスト〔イギリスの女流詩人・作家〕

苦労を重ね、花の成長を丹念に記録した先人たちにとっては、目もくらむほど豪華な花のもたらす純粋な喜びよりも、その観察の過程の方がよほど大切に感じられたかもしれません。古代のギリシャ神話によれば、ピオニーの名はオリュンポスの神々の内科医で、医学の神アスクレピオスに師事したパイオーンに由来します。パイオーンはオリュンポス山でピオニーを集め、その薬効を利用して神々の傷を癒していました。黄泉の神ハーデスも矢で肩を射られましたが、パイオーンの治療を受けました。ギリシャ神話全体に言えることですが、パイオーンについてのエピソードにも様々なバリエーションがあります。しかし共通して言えるのは、その華々しい活躍に気を悪くした神々が、彼の命を奪ってしまったことです。けれどもある神が（どの神だったかについても諸説あり）、生き返らせることはできないながらも、彼をピオニーに変えました。つまりピオニーという名は、古代、この植物が薬草として使われていた史実をうかがわせるものなのです。

ピオニーの根や種子には効用があり、少なくとも2000年前から中国で栽培されてきました。その効果が世界中に伝わり、1世紀のローマの博物学者兼哲学者、大プリニウスは『博物誌（Naturalis Historia）』（全37巻）に、ピオニーの根は胃痛を和らげ、消化を促すと記しました。種子は子宮の病気の治療に使われていましたが、悪夢にも効果ありとされていた点は興味をそそります。

ほぼ同じ頃、ギリシャの植物学者兼内科医ペダニウス・ディオスコリデスにより『薬物誌（De Materia Medica）』（全5巻）が記され、ルネサンスや大航海時代まで植物誌として読み継がれました。その中には、「雄ピオニー」と「雌ピオニー」の記述が見られます。大ブリテン島にピオニーを持ち込んだのはローマ人と言われており、雌ピオニーことオランダシャクヤク（P. officinalis）は入手しやすい一方、雄ピオニーことマスクラシャクヤク（P. mascula）は数は少ないものの、より効果が高いと考えられていました。また、ニコラス・カルペパーは1652年の『イングランドの内科医（The English Physitian）』の中で、「リーソン博士によれば、雄ピオニーは男性に、雌ピオニーは女性に最適だそうだ」と書いています。そして、子どもたちの首に種子を巻けば、「倒れる病気」つまりてんかんにかからないと

も述べています。

　現在でもシャクヤク（P. lactiflora）の根は痛みを取り除き、関節炎や痙攣を鎮めるとして、中国の伝統医学で用いられていますし、オランダシャクヤクはインドのアーユルヴェーダ、ペルシャ・アラビア圏のウナニ医療、ホメオパシーに使われています。根にはアスパラギン、安息香酸、フラボノイド、ピオニーフロリン、ピオニン、ペオノール、プロトアネモニン、タンニン酸、トリテルペン、精油が含まれており、現代医学もこれら成分の働きについて研究を続けています。

　ピオニーの根がいわばバイアグラのような、精力増大のための愛の媚薬として処方されていたことは、この花のイメージにいくぶんか影響を及ぼしたことでしょう。根は食糧とも見なされ、種子は18世紀末まで香料として使われていました。当時のイギリスの料理作家で、現代イギリスで言えばさしずめデリア・スミスのような人気を誇っていたハナー・グラスは、1747年に出版された『やさしい料理法（The Art of Cookery Made Plain and Easy）』の中で、「クリームにピオニーの種子を入れましょう」と書いています。現代のガーデンデザイナー兼著述家のジェーン・ファーンリー・ウィッティングストールは果敢にもピオニーの根を少々味見して、「壁紙用の糊と松脂を混ぜた中に浸かったカブの匂いと味」と感想を述べています。

　ピオニーはほとんどが北半球原産で、中国、日本、インド北部、コーカサス、シベリア、小アジアに生息し、ヨーロッパでもコルシカ島やサルデーニャ島、イオニア海の島々などの一部地域に原生しています。アメリカ原産のピオニーは2つありますが、他国のエキゾティックな雰囲気の野生種と比べるとやや単調なきらいがあります。初めてピオニーを評価して栽培したのは中国で、当初こそ効用ばかりが注目されていましたが、じきに美的価値にも目が向けられるようになりました。現代の庭に咲く品種のほとんどは、中国北部から中部まで広範に自生するシャクヤク（P. lactiflora）に由来します。16世紀後期の時点で、中国の栽培者は30に上るシャクヤクの新品種を挙げ、種子カタログに記載しました。

中国のボタン

　けれども中国人がもっとも愛したのはボタンでした。ボタンは中国のみに原生しており、中国人から「花王」とあがめられていました。一方、シャクヤクは「王の腹心」と、ややランクが下がる扱い。ボタンがその美しさゆえに少なくとも隋の時代（581-618年）に栽培されていたことは確かで、おそらくそれ以前から栽培が始まっていたと考えられます。唐の時代（618-907年）や宋の時代（960-1279年）には宮廷で人気を博し、庭師たちは種から栽培したり、最良の個体を選んで野生種の株に接ぎ木したりと試行錯誤を繰り返しました。

　悠久の中国王朝史上唯一の女帝、武則天（624-705年）は知的で美しく野心的でしたが、最初のピオニー愛好家の一人としても知られています。彼女の宮廷には暗殺や陰謀がはびこっていましたが、創造性が重視されていたことも事実です。皇帝の庇護を狙ってのことでしょうが、装飾芸術でピオニーのモチーフが多用されるようになり、絵画や陶磁器、布地の上で生き生きと花開き、木や石材を使った彫刻作品が作られました。ピオニーは繁栄、名誉、美の象徴であり、満開のピオニーは平和を表すとされていました。同時に廷臣たちが競って、より新奇な品種作りに励んだため、植物としても大きく発展を遂げたのです。

　首都洛陽には、武則天の命令により幾千ものボタンが植えられ、現在に至るまでボタン栽培の中心地であり続けています。9世紀の作家Li Chaoは「開花期になると町中が熱狂した。（中略）熱に浮かされたように馬や馬車が行き来し、ピオニーを見に行かなかった者はこれを恥じた」と、武則天時代のピオニー熱を描いており、どこか17世紀オランダのチューリップバブルを思わせます。また、政治家兼著述家である欧陽脩（1007-72年）は『洛陽牡丹記』と題した専門書の中で、90以上のボタンの品種と栽培方法についての記述を残しました。

　何世紀にもわたり詩人、作家、芸術家から愛され、上流階級の広大な庭で栽培されてきたピオニーは、実に千年以上もの間、人々に崇拝されてきたのです。自然災害

は別として、ピオニーが直面した唯一の深刻な危機は文化革命（1966-76年）でした。毛沢東はあらゆるエリート的なものを打ち砕くことを誓い、医療用途以外のピオニーの栽培を一切禁止したのです。しかし、熱心な栽培者たちが栽培継続のベースとしてほとんどの品種を保存したため、取り返しのつかない事態には至りませんでした。

今日の中国では、ピオニー愛好が許されているのみならず、奨励さえされています。1982年以降、洛陽では毎年4月に「牡丹花会」という祭りが開催されていて、何千種類もの満開のピオニーの香りで満たされた空気を吸い込むと、一瞬息が止まるかと思われるほど。ただ、残念ながら野生種はその根が薬用に掘り返されているためその数を減らしており、園芸品種ほど安泰というわけではありません。

日本的な美

仏僧によって日本にピオニーが持ち込まれたのは8世紀のことで、当初は薬として用いられていましたが、ほどなくして花自体の美しさに注目が集まりました。日本人は木本性のピオニーを「牡丹」「百花の女王」と美しい名で呼び親しみました。一重咲きや半八重咲きで、花弁が単色で、おしべが少ないものを好み、ヴィヴィッドな色での作出に取り掛かります。日本には固有の野生種がないため、限られた遺伝資源を頼りに、中国から輸入した株を用いて驚くほど多様な品種を作り上げました。中国は16世紀以前からすでに貿易で世界をリードしていましたが、1500年から1970年にかけては世界に背を向け、ピオニーを含むあらゆる貿易を制限していました。

日本も、徳川将軍家の支配する江戸時代（1603-1867年）には、鎖国して国を閉じていましたが、中国とオランダとは細々と貿易を続けていました。長崎港に浮かぶ人工島、出島には1641年から1853年までオランダ東インド会社の商館が置かれていました。200年以上にもわたり、出島は日本と世界との唯一の貿易地点であり、ボタンもこ

こから西洋へと送り出されたと考えられます。

西洋のプラントハンターたち

西洋の初期のプラントハンター（植物を採集するために世界中を探索した人）たちの主な目的は、食用野生種の採集でした。ジャガイモやトマトは、16世紀末に南アメリカからヨーロッパへ持ち込まれた野菜の1つです。1787年、不運な船長ブライの指揮するイギリス海軍の武装輸送船バウンティ号が、奴隷の食用に、安価なパンノキを集めて西インド諸島に輸送しようとタヒチへと向かい、1848年には、スコットランドの植物学者ロバート・フォーチュンが中国服と辮髪で変装し、中国から質の高いチャノキ2万株を持ち出してインドへ送り、茶産業の端緒を開きました。

しかし18世紀中期になると、食糧用途以外の植物にも注目が集まります。スウェーデンの博物学者で分類学の祖であるカール・フォン・リンネは、1735年から58年にかけて『自然の体系（Systema Natura）』を出版して、植物の学名システムを発表し、プラントハンターたちを新たな野生種の発見へと駆り立てました。ドイツの博物学者で内科医のエンゲルベルト・ケンペルは1690年から92年にかけて日本のオランダ東インド会社で働き、1712年に発表した『廻国奇観（Amoenitatum Exoticarum）』でピオニーについて触れ、鎖国真只中の日本の植物に関する最初の記述を残しています。

内科医兼植物学者のフィリップ・フランツ・フォン・シーボルトは複数の愛人がいたことでも有名な人物ですが、1823年から29年まで内科医としてオランダ東インド会社に勤務し、日本の植物を収集しました。当時違法だった日本地図所有のかどで国外追放になるのですが、その際、植物の一大コレクションをヨーロッパへ持ち帰り、その中から42種のボタンをオランダ政府に販売しました。

イギリスでは12世紀以降、2種のシャクヤクが栽培されていました。南ヨーロッパ原産の貴重なマスクラシャクヤク（P. mascula）は薬草として育てられていましたが、赤、白、

濃ピンクのオランダシャクヤクは薬用だけでなく観賞用にも栽培されていました。オランダシャクヤクのラテン名パエオニア・オフィキナリス（*Paeonia officinalis*）の「オフィキナリス」は、「薬用」を意味します。南、東、中央ヨーロッパではオランダシャクヤクの亜種が自生し、多様な色や形を見せています。

薬剤師兼植物学者ジョン・パーキンソンは、1629年出版の『日のあたる楽園、地上の楽園（*Paradisi in Sole Paradisus Terrestris*）』の中で、雌ピオニー（オランダシャクヤク）について「主だった庭園にはおなじみの植物」と記しています。オランダシャクヤクは比較的簡単に掘り出せて株分けできることから、薬草を栽培する庭園などでは盛んに育てられていたのです。しかしイギリスにはこの2つの野生種しかなく、その他の種が導入されるにはもう少し待たねばなりませんでした。17世紀後半から18世紀初頭にかけて、植物採集を目指すイギリス人探検家たちは今まで人伝えにしか聞いたことのない、あるいは絵でしか見たことのない植物を求めて、日本、中国、インドを駆け巡りました。

王立学会（Royal Society）会長のジョゼフ・バンクス（1743–1820年）は、イギリス東インド会社に勤務する外科医アレクサンダー・ダンカンに、中国からボタンを持ち帰るよう依頼しました。最初の標本は1789年にキュー王立植物圏に植えられ、植栽はさらに続きました。一方、サマセットの教区司祭の息子レジナルド・ホイットリーは園芸の道に進み、ロンドンのナーセリー（種苗会社）で働きました。1808年に、初めてシャクヤク（*P. lactiflora*）の栽培品種を一般向けに販売したのも彼です。この白い一重咲きの花は、慣習に従い彼の名を取って、「ホイットリー（Whitleyi）」と命名されました。

園芸協会（のちの英国王立園芸協会〔Royal Horticultural Society〕）初の植物コレクターであるジョン・ポッツは、1821年にイギリス東インド会社の船ジェームズ・キッド号で中国へ向かい、ツバキ属、サクラソウ属、ハラン属などの野生種を持ち帰りました。ハラン属はヴィクトリア時代の観賞植物として人気を博す一方、彼の持ち帰ったシャクヤク（*P. lactiflora*）の品種は、敬意をこめて「ポッツィー

（Pottsii）」と名付けられました。

フランスのピオニー

フランスでは政治的混乱や戦争といった激動の時代にもかかわらず、18世紀後半からピオニーが栽培されていました。その多くは、中国や日本との交易で先んじていたイギリスからの輸入品です。1811年には、ナポレオン皇帝の妻ジョゼフィーヌの所有するパリ郊外マルメゾン城の素晴らしい庭園に、たくさんの一重咲きや八重咲きのピオニー、イギリスの博物学者ジョゼフ・バンクスから献上された1本のボタンが植えられていたとの記録があります。

パリではニコラ・レモン（1766–1836年）がフランス人栽培者としては初めて、ピオニーがもたらす経済的利益に着目し、1824年にシャクヤク（*P. lactiflora*）の園芸品種「エデュリス・スーペルバ（Edulis Superba）」を発表しました。よい香りのする鮮やかなピンク色の花で、200年後の現在でも多大な人気を誇っています。パリでクレマティスやピオニーを栽培していたモデスト・ゲランは、初めて中国からピオニーを輸入した一人で、「デュシェス・ドルレアン（Duchesse d'Orléans）」や彼の名を冠した「モデスト・ゲラン（Modeste Guérin）」など40ほどの新たな品種を発表しました。

1850年代以降はフランス人栽培者グループが共同で新品種を作出し、それらは現在でもガーデニング愛好家の間で重宝されています。そのノウハウとコレクションは世代を超え、育種家から育種家へと受け継がれていきました。ピオニーを熱心に栽培していたキュッシー伯爵は中国から株を輸入し、多くの興味深い品種を育てましたし、北部ドゥエの育種家ジャック・カロ（？-1875年頃）は伯爵のコレクションを購入し、独自に20の品種を世に送り出しました。1856年に発表された白く美しい「デュシェス・ド・ヌムール（Duchesse de Nemours）」もこれに含まれます。1872年には、北東部ナンシー出身の育種家フェリックス・クルッスがこのコレクションを入手し、たゆまぬ努力の結果、いくつもの新品種を発表しました。彼の名に由来する

「フェリックス・クルッス（Félix Crousse）」（1881年）や「ムッシュー・ジュール・エリー（Monsieur Jules Elie）」（1888年）などは、現在でもガーデニング界で不動の人気を誇っています。

世界的に知られるようになったこのコレクションは、ふたたび売却されて、やはりナンシーの著名な育種家ヴィクトール・ルモワーヌ（1823-1911年）の手に渡りました。彼の名声はきわめて高く、1911年に他界する数週間前には、英国王立園芸協会（RHS）から園芸の進歩に貢献した人に贈られるヴィーチ記念メダルを授与されました。これは外国人としては唯一の例です。ルモワーヌは手に問題があったため、交配作業は妻マリー＝ルイーズがほぼ一人で担いました。中でも、ピンクの色合いが美しい「サラ・ベルナール（Sarah Bernhardt）」は、現在もっとも広く販売されている人気の花です。彼の手による交配種に「ル・プランタン（Le Printemps）」と「アヴァン・ギャルド（Avant Garde）」が挙げられますが、これはシャクヤク（P. lactiflora）とウィットマニアナシャクヤク（P. wittmanniana）を交配親としています。また、ルテアボタン（P. lutea）とボタン（P. suffruticosa）の交配に初めて成功し、見事半八重咲きの黄色いボタン（P. x lemoinei）を作出しました。彼の息子エミールと孫アンリもピオニーの品種改良を受け継ぎ、1912年から13年にかけて26もの新品種を世に送り出しました。ただし、当時の記録保存はさほど厳密ではなかったため、誰が何を交配させたのかを確定することは今となっては困難です。

ケルウェイズ社の台頭

フランスに続き、イギリスでピオニーの栽培が本格的に始まったのは19世紀半ばです。ヴェルサイユでナーセリーを経営していたイギリス人ジョン・ソルターは、当時作出されたばかりの新品種を幾度か目にしたのでしょう。政治的激動に見舞われつつも1848年にイギリスに帰国すると、ロンドンのハマースミスにヴェルサイユ・ナーセリーをオープ

ンし、シャクヤク（P.lactiflora）の新品種を含む数々のピオニーを売り出しました。知識豊富な彼は、植物の選定に関してダーウィンと書簡をやり取りし、1868年にダーウィンが著した『飼養動植物の変異』にも彼の名が登場します。

1851年、プロの庭師ジェームズ・ケルウェイ（1815-99年）は、やはり庭師だった父ウィリアム（1783-1867年）の助けを借りて、サマセット州ラングポート近くのハイッシュ・エピスコピ村にナーセリーをオープンしました。グラジオラスに情熱を燃やすケルウェイ一族は、この花の人気が落ちる20世紀初頭まで栽培を続けました。初めてピオニーの品種改良を試みたのは1864年で、20年の間に250もの園芸品種をカタログに掲載するまでになりました。そのうち104はケルウェイ独自の作出ですが、ピオニーが種から初開花に至るまでに3年から5年はかかること、さらに栽培を続け、販売にこぎつけるまでにはそれよりもはるかに長い時間がかかることを考えれば、この数には目をみはらざるを得ません。

新しい品種は世間の注目を集め、1920年代には満開の花を見ようと、ケルウェイズ・ピオニー・ヴァレーと呼ばれるボタン・シャクヤク園に多くの人が詰めかけました。そのあまりの人気ぶりは、ロンドン発ペンザンス行き路線に花見客たちのためのピオニー・ヴァレー・ハルトという臨時駅が作られるほどでした。

著名なガーデンライターで女性アナウンサーの先駆けの一人でもあったマリオン・クランは、1929年にBBCの番組でケルウェイズ・ピオニー・ヴァレーを訪れ、次のように述べています。

「皆さんはピオニーが咲き乱れる谷間を訪れ、日の光の下に広がる花々の多様な色合いを目にしたことがあるでしょうか。イングランド南西部の谷間では、陽光に照らされた無数の素晴らしいピオニーを見ることができます。丘の道を谷間の方へ降りていくと、とても甘く爽やかで鮮烈な香りが風に運ばれて漂ってきます。一度ここを訪れたなら、あなたはもう違うあなたになっているはず。魔法をかけられたようなこの場所の美しさを知ってしまったら、初めて目にしたその日の記憶を追いかけて、自分でこの美し

い花を育てようと思わずにはいられないでしょう」

　ケルウェイズ社は丁寧な仕事ぶりで海外とも取引を開始し、名声を確立しました。フランスの画家モネも顧客だったことは知られており、ケルウェイズ社が1889年のパリ国際展覧会で金賞を受賞すると、彼はケルウェイズ社から《睡蓮》で有名なジヴェルニーの庭園用に種子を購入しました。1942年にアメリカ・シャクヤク協会が会員を対象に行った投票では、もっとも秀逸なピオニーとして、八重咲きの白く美しい「ケルウェイズ・グロリアス（Kelway's Glorious）」が選ばれました。このことからも、当時同社がアメリカ市場に深く食い込んでいたことがわかります。

パイオニアたち

　アメリカでは長い間、ピオニーがパイオニアたちによって自生地から持ち出され、栽培されてきました。しかしそれは、イギリス同様、いずれもすでに何世紀も前から栽培されていた野生種でした。建国の父の一人にして第3代アメリカ合衆国大統領のトマス・ジェファーソンは、1766年から1824年まで園芸日記をつけていて、バージニア州モンティチェロの自宅の庭で育てていた丈夫な多年生植物をリストアップしており、「パイオニー」も挙げています。

　1850年、アメリカにパエオニア・アルビフローラ（*P. albiflora*）が持ち込まれると、大きな反響が巻き起こりました。チャイニーズ・ピオニーとも呼ばれ、成長が遅く、苗ではなく種として売られ、様々な品種を生み出しました。アイオワ州クレセントに住んでいたヘンリー・テリー（1826-1909年）は、ホークアイ州（アイオワ州の別名）初のナーセリーを設立し、ピオニーを大量栽培した人物です。彼の主な目的は果物の栽培でしたが、ニューヨーク州フラッシングにあるリニーアン植物園から30のピオニーも取り寄せました。この植物園は、世界中から種子を集めて保管していたのです。テリーは繁殖に適した品種を選びましたが、約1000もの苗木のうち育ったのは、たったの5つ。それでも彼は生涯を通して100を超える新品種を作出し、

他界前にコレクションを売却しました。約6万本のピオニーの売却額は2500ドル。当時としてはなかなかの額でした。

　アメリカには、広大で、毎年冬になると相当寒くなる地域があります。ピオニーはまさにこうした寒さを必要とします。アメリカでピオニー栽培が普及した背景には、おそらくこのような気候的条件があるのでしょう。早い時期から栽培愛好者たちが急速に増え、ピオニーは母の日（アメリカでは5月第2日曜日）や戦没者追悼記念日（5月最後の月曜日）にもっとも用いられる切り花となりました。第2次世界大戦直後には一時的に人気が落ちたものの、現在でもアメリカがピオニー栽培の中心地であることに変わりはありません。

　アメリカ・シャクヤク協会（The American Peoney Society）は1903年に設立されました。当時ピオニーを取り巻く状況に混乱が生じ始めていたため、秩序を持たせ、命名を標準化させるのが目的でした。当初、協会の興味は切り花に向けられていました。というのも、プロであれアマチュアであれ、栽培者たちは利益率の高い切り花市場に合わせて、茎が長く八重咲きの花を集中的に栽培していたからです。

　この頃、ピオニーの作出にかけては天才的な人物が一気に登場します。彼らは様々な職業に就いており、長い年月をかけて、強く丈夫で愛らしい花を咲かせるピオニーを作出しました。オリヴァー・ブランド（1844-1921年）と彼の息子のアーチー（1871-1953年）は、80年もの間ピオニー専門ナーセリーを経営して、成功を収めました。1920年代には1000を超える品種を育てていましたが、20年代末に起こった大恐慌のあおりを受け終焉を迎えました。

　非凡な育種家オーヴィル・フェイは製菓会社に勤務していましたが、空いた時間を利用してピオニーを育てていました。同じくウィリアム・シェレダン・ボックストース（1876-1963年）も、建設業と住宅ローン業に従事しながら、植物の交配も手掛けていました。マイロン・ビガー（1902-88年）はカンザス州トピカの酪農家でしたが、1935年に本業を切り花ビジネスに切り替えてピオニーを育てるようになりました。1855年、ギルバート・ワイルドは45ドル払ってピオニーの種1箱を購入します。その3年後には切り花販

売を開始して、ミズーリ州リーズに家族経営のナーセリーを設立しました。ここは現在、世界最大のピオニーナーセリーと言われています。

アーサー・サンダース（1869-1953年）は有名なアメリカのピオニー育種家の一人ですが、もともとは化学が専門で、長年教職に就いていました。しかし1905年に初めて種子からピオニーを育てたのを皮切りに、自由な時間を使ってカラフルなピオニーの新品種作出に打ち込みました。幾種類もの野生ピオニーを集め、交配し、生涯において150以上もの園芸品種を世に送り出しました。1977年にサンダースのコレクションの大部分を購入したのが、獣医デイヴィッド・リース（1927-95年）で、彼は接ぎ木技術を発展させ、サンダースの作り出したボタンの広範な栽培を可能にしました。リースは自身でも作出を手掛け、交配種「サーモン・ドリーム（Salmon Dream）」やボタンの交配種「ゴールデン・エラ（Golden Era）」を作出しました。

オハイオ州のサマービルでは、長く華々しいキャリアを誇るウィリアム・クレクラー（1900-2002年）が、383の園芸品種をアメリカ・シャクヤク協会に登録しました。これは当時としては最高記録です。ドン・ホリングスワース（1928年生）は40歳にして初めてピオニー交配を手掛けましたが、その後50を超える新品種を作出しました。1996年、彼の手による「ガーデン・トレジャー（Garden Treasure）」は、

ハイブリッドシャクヤクとして初めて、アメリカ・シャクヤク協会の金賞を獲得しました。

高名なアーティストでもあったナッソス・ダフニス（1914-2010年）は1930年にギリシャからニューヨークに渡った移民で、ボタン専門家として、日本系ボタンの色を豊かにしようと交配に着手しました。独学ながらも非常に鋭い目を持ち、交配で生み出した数百もの苗木を破棄して、最高のものだけを選んで登録したほどです。偉大なる育種家と評された彼の手による「ヘーパイストス（Hephestos）」は比類なき深紅の花で、2009年にアメリカ・シャクヤク協会から金賞を授与されました。

ロイ・クレム（1942年生）はピオニーを栽培する一家の出身で、父チャールズ（1867-1957年）はアメリカ・シャクヤク協会の設立者の一人であり、アメリカでピオニーの入手が困難な時代に、フランスから新種を輸入したこともあります。1992年、ロイはシカゴ・トリビューン紙にピオニービジネスの現実について、「新しいピオニーを市場に出すには25年から30年はかかる」と語り、作出とは、何エーカーも広がる花畑を耕し、入念に選んだ親花の子を掘り上げ、新苗を三分割し、待ち続けるという途方もない作業の上に成り立っていることを説明しました。手を掛けて育て、3年後には掘り返して分割し、さらに3年後にも同じ作業を繰り返すことを考えれば、「販売用に500から600の苗

を育てるのに、どれほど長い年月がかかるかわかるでしょう」との言葉にもうなずけます。ピオニー栽培はすぐに利益が出るビジネスではありません。何よりも情熱、献身、粘り強さが求められるのです。

　ピオニーの世界においてもっとも重要な出来事の1つが、シャクヤクとボタンの交配の成功です。東京では、愛好家である伊藤東一がこの作業に打ち込んでいました。彼は1200もの交配を試したのち、ボタンアリス・ハーディング（P. x lemoinei 'Alice Harding'）と白いシャクヤク（P.lactiflora）「花香殿」の掛け合わせに成功したと言われています。この交配から7つの苗木が育ちましたが、残念なことに1956年に急逝したため、開花を見ることはかないませんでした。偉大な業績を達成したことや、手掛けた花が称賛され、人気を博すようになることも知らないままの他界でした。

　ニューヨーク州ブルックビル。紳士服業界で信用調査主任だったルイス・スマーノウ（1896-1989年）は、日本を旅行するうちに、伊藤の手掛けた伝説的な花々を知るようになりました。ピオニー愛好家で栽培も手掛けていた彼は、伊藤夫人に連絡を取り、彼の交配種を買い付けます。1974年、夫人の許可を得たスマーノウはこのうち4つ ―「イエロー・クラウン（Yellow Crown）」「イエロー・ドリーム（Yellow Dream）」「イエロー・エンペラー（Yellow Emperor）」「イエロー・ヘヴン（Yellow Heaven）」― を伊藤・スマーノウ交配種として登録しました。アメリカ・シャクヤク協会は伊藤の業績に敬意を表し、この一連の交配種を「伊藤ハイブリッド」と名付け、1972年には故人にA.P.サンダース・メモリアル賞を授与しました。

　この壮大なチャレンジが成功したとのニュースに勢いを得たロジャー・アンダーソンとドン・ホリングスワースはさらなる努力を重ね、ボタンとシャクヤクの交配を進めました。現在では100を超えるハイブリッドシャクヤク（あるいは伊藤ハイブリッド）が協会に登録されており、毎年増え続けています。伊藤・スマーノウの最初の交配種は稀少で、現在でも高額（最低でも500から1000ドル）で取引されています。その理由の1つとして、ほとんどの初期交配種が新交配種に取って代わられたことが挙げられます。

　21世紀の栽培者たちは、新たな手法を模索しています。安価な大量生産に向けた組織培養もその1つ。こうした交配種の魅力は、茎が従来のシャクヤクに比べ頑丈で、花を葉の上で支えることができ、開花期が長く、病気にも強い点です。比類なき庭園の王者たちはあくまでも美しく、それぞれの世代は新鮮な視点を通してその魅力を捉えてきました。ピオニーは今後も発展し続けていくことでしょう。

PURE

ピュア

ピオニーの花はどれもえも言われぬ美しさ。中でも特別にピュアで、調和のとれた佇まいのピオニーがあります。この種の花は色とバランスの均整が完璧にとれていて、庭にある他の植物と共生し、花壇に調和と統一をもたらします。植える位置を計算すれば、他の植物と競いながら、見る者の視線を惹きつける絶好のアトラクトポイントになります。一重咲きのものもあれば、一重のカップ咲きのもの、たくさんの花弁が風に揺れる豪華な花もあります。花弁の質感は繊細で半透明。折り紙のように優美な折れ目がついていて、パリのクチュリエが作ったのかと思うほどの芸術的なひだ加減だったり、柔らかなサテンの光沢を放っていたりします。色は白、クリーム色、パステルピンク、レモン色などがメインですが、濃紫や鮮やかな赤、蝶々のような黄色、濃いピンク、そしてさらにもっと強烈な色もあります。どの色も美しい水彩画のように、時間の経過と共に軽やかに薄くなっていきます。

Claire de Lune

クレール・ド・リュンヌ（月の光）

　一重咲きでエレガント。緑色のつぼみが開くと、繊細で波打つような淡いレモン色の花弁が現れます。縁はぎざぎざしていて、あっという間にクリーム色、そしてアイボリーホワイトへと変わっていきます。中心にはたっぷりとしたおしべが。黄色い花糸の先にはオレンジ色の葯があり、心皮の先はピンク色です。花を支えるのはほっそりとしていながらも、力強い赤い茎で、風が吹くたびに花が揺れます。直径は10cmほどで、柔らかな香り。花壇にぴったりの花で、ガーデンデザイナーにも人気です。

　アール・ホワイト博士は、スタイリッシュなこのピオニーの作出に8年を費やしました。コーカサスからのパエオニア・ムロコセヴィッチ（P. mlokosewitschii）と中央や東アジアに生息するシャクヤク（P. lactiflora）の交配種で、ミズーリ州ルーズ出身でアメリカ・シャクヤク協会の栽培者であるギルバート・H.ワイルドにより、1954年に発表されました。

種類：ハイブリッドシャクヤク
タイプ：一重咲き
開花期：晩春
場所：日向か半日陰
土壌：肥沃で腐食質に富んだ土
株高：85cm
株幅：85cm
葉：特徴的。幅広で緑色
支柱：茎は細いが、ほぼ必要なし
切り花：愛らしく長もちする
類似種：レイト・ウィンドフラワー（Late Windflower）

First Arrival

ファースト・アライバル（一番乗り）

　1950年代のペーパーコサージュのような花で、オールドローズを思わせる燦然たる色合いです。各花弁の基部にはサクランボ色が広がっていて、おしべの花糸も同様のサクランボ色。その上にはサルファーイエロー〔明るく緑がかった黄色〕の葯が見えます。中心のピンク色のさやから緑色の心皮が頭を出し、その先にピンク色のひだがあります。中心から輝くように広がるこの壮麗な花は、直径が15cmに達するものもあり、時間と共に色が変化し、ラベンダー色や艶めかしいピンク色へと変わります。

　ロジャー・アンダーソン（1938年生）による初めてのハイブリッドシャクヤクでもあり、ハイブリッドシャクヤクの例に漏れず高価ですが、充分それに値する美しさです。

種類：ハイブリッドシャクヤク
タイプ：半八重咲き
開花期：晩夏
場所：日向か半日陰
土壌：肥沃で腐食質に富んだ土
株高：60cm
株幅：90cm
葉：濃い緑色
支柱：しっかりとした茎なので、必要なし
切り花：切り花としても最適
類似種：ジュリア・ローズ（Julia Rose）

Mikunino-akebono

御国の曙

　日本のボタンで、乳白色の花を咲かせます。房飾りのような花弁は優雅な羽毛を思わせ、不揃いで、アートのよう。まるでパリのクチュリエのアトリエお抱えの職人が作った帽子のようです。繊細なプリーツの入った花弁もあり、時間と共に羽毛のような先端が垂れ下がる場合もあれば、変わることなく完璧な姿を保つ花弁もあります。中央には厚みのある環状のおしべがあり、サルファーイエローの葯はすらりとした白い花糸に支えられ、どの花の中央にも紫色の心皮があります。たいてい薄紫のさやに包まれ、心皮からは縁が黄色い繊細な紫色の柱頭が顔を見せています。花の直径は約18cmで、完璧なアクセサリーをつけ、颯爽とランウェイを歩くファッションモデルのようなエキゾティックな美しさ。エレガントでスタイリッシュなその花姿は、実際に見ないと想像できないでしょう。1990年に橋田亮二氏（元日本ぼたん協会会長）によって紹介されました。

種類：ボタン
タイプ：一重咲き
開花期：春
場所：日向か半日陰
土壌：肥沃で腐食質に富んだ土
株高：1.2m
株幅：90cm
葉：赤みのある濃い緑
支柱：強い茎
切り花：茎が短いので、水を張ったボウルに浮かばせる
類似種：なし

Do Tell

ドゥ・テル（教えて）

　南方から来た美しいピオニーで、柔らかで端麗ながら内なる強さを秘めています。外花弁は水彩絵の具をさっと塗ったようなほのかなピンク色で、時間と共に淡さを増します。中心には華やかなラズベリーピンクとバニラ色の仮雄蕊があり（p.40-41参照）、まるでラズベリーアイスクリームをひとすくい盛ったよう。直径は最高13cm。ほのかに香り、赤くしっかりとした茎に支えられ、美しい花姿を見せます。

　1946年にエドワード・オートンにより発表され、1984年にはアメリカ・シャクヤク協会の金賞を、2009年にはランドスケープ・メリット賞を受賞しました。

種類：シャクヤク
タイプ：日本系
開花期：早春
場所：日向か半日陰
土壌：肥沃で腐食質に富んだ土
株高：90cm
株幅：90cm
葉：濃い緑色
支柱：必要なし
切り花：切り花にぴったりで、切り戻すと長もちする
類似種：ケルウェイズ・フェアリー・クイーン（Kelway's Fairy Queen）

Bowl of Cream

ボウル・オブ・クリーム（ボウルに入ったクリーム）

　香り高く、乳白色の花弁がぱっと開いた優雅なピオニーです。花弁が広がると、ボウルのようなエレガントな形。中心では花弁が奥ゆかしく波打ち、たっぷりとしたゴールドのおしべをヴェールのようにそっと包んでいます。花は最大20cmにも達し、驚くほど雨風に強く、見かけよりも強靭です。

　カール・クレム（1916-73年）が1963年に発表した花で、1981年にはアメリカ・シャクヤク協会から金賞を授与されました。クレムの祖父母はドイツからの移民で、イリノイ州シャンペーンにナーセリーを設立しました。父チャールズはアメリカ・シャクヤク協会の創設者の一人で、花全般を愛し、とりわけピオニーに情熱を燃やした人物です。現在でも、ウィスコンシン州アヴァロンにある家族経営のクレムズ・ソング・スパロー・ファーム＆ナーセリーでは、ピオニーが栽培されています。

種類：シャクヤク
タイプ：八重咲き
開花期：晩春から初夏
場所：日向か半日陰
土壌：肥沃で腐食質に富んだ土
株高：90cm
株幅：60-70cm
葉：明るい緑色
支柱：花自体は大きいが直立しているので、ほぼ必要なし
切り花：切り花として非常に美しい
類似種：デュシェス・ド・ヌムール（Duchesse de Nemours）

Cardinal Vaughan

カーディナル・ヴォーン

　威厳ある日本系ボタンで、19世紀に西欧への輸出が始まると、カーディナル・ヴォーンと命名されましたが、日本語の原名は不明です。つぼみは濃紫ですが、紙のような花弁が開花すると温かみのあるルビー色になり、枢機卿*の長衣を思わせます。中心には上品なおしべが見えます。花糸は紫色、その上の葯はゴールドです。控えめな心皮は緑色。大ぶりなカップ咲きで、直径は最大15cm。多くのピオニー品種とは異なり、日本系ボタンは定植した最初の年に咲くことがあります。

　名称の由来となったハーバート・ヴォーンはローマカトリック教会の聖職者で、1892年から他界する1903年までウェストミンスター大聖堂の大司教、さらに枢機卿を勤めた人物。この大聖堂の建築費用を調達し、1895年から1903年まで建設を監督しました。

*カトリック教会における教皇の最高顧問。教皇に助言する高位聖職者

種類：ボタン
タイプ：八重咲き
開花期：晩春
場所：日向か半日陰
土壌：肥沃で腐食質に富んだ土
株高：1.2m
株幅：90cm
葉：濃い緑色
支柱：強い茎
切り花：単体でも素晴らしい切り花
類似種：花大臣（Hana-daijin）

Krinkled White

クリンクルド・ホワイト(波打つ白)

　名前の通り、可愛らしいひだの付いた白いピオニーです。花弁は紙のようで、みっしりと生えたおしべはゴールド。成長するにつれ、淡黄色の柱頭を戴く緑色の心皮が中心から現れます。花は直径15cm。つぼみは小さな緑がかった白で、各茎には腋芽が多く出て、惜しげもなくたくさんの花を咲かせます。

　ミネソタ州フェアリボーのアーチー・マック・ブランドにより1928年に発表され、2009年にはアメリカ・シャクヤク協会のランドスケープ・メリット賞を受賞しました。アーチーの父オリヴァー・ブランドは南北戦争で戦った経歴の持ち主で、1867年にブランド・ピオニー・ファームを設立し、親子でいくつかのアメリカ系ボタンを作出しました。しかし、残念なことに大恐慌のあおりを受け、すべての苗木が掘り上げられてしまいました。アーチーは生活が上向きになると、ピオニービジネスを再開しましたが、もはや新品種の作出には挑戦しなかったそうです。1920年代の絶頂期、ナーセリーでは1000を超える品種が育てられ、ピオニーの株の栽培としては世界最大規模を誇っていました。

種類：シャクヤク
タイプ：一重咲き
開花期：晩春
場所：日向か半日陰
土壌：肥沃で腐食質に富んだ土
株高：78cm
株幅：80cm
葉：標準的緑色
支柱：細く強い茎なので、ほぼ必要なし
切り花：切り花向き。たっぷりの花を咲かせる
類似種：ホワイト・ウィングス(White Wings)

Nick Shaylor

ニック・シェイラー

　「ニック・シェイラー」という味気ない名前に似合わず、芸術的なスウィーツを思わせるピオニーです。ふくよかなつぼみはシュガーピンクや白色で、それを包む外花弁には深紅色のアクセントがあしらわれ、開花するとピンクやバニラ色で、ひらひらとしたガーリッシュでデコラティブな花弁が現れます。中心にはところどころにラズベリー色の水玉模様が散っていて、まるで贅沢なアイスクリームサンデーのよう。直径12cmの花は時と共に、ソフトピンクから白へと変わります。抱きしめたくなるほど愛らしい花ですが、香りはありません。

　1931年にピオニー栽培家エグバート・シェイラーのパートナー、フランシス・アリソンにより発表され、1941年および69年にアメリカ・シャクヤク協会の金賞を受賞しました。

種類：シャクヤク
タイプ：八重咲き
開花期：真夏
場所：日向か半日陰
土壌：肥沃で腐食質に富んだ土
株高：85cm
株幅：85cm
葉：淡い緑色
支柱：場合に応じて
切り花：切り花としては美しく、茎は長くて硬い。花屋ではとても人気がある
類似種：バロネス・シュローダー（Baroness Schroeder）

Reine Hortense

レーヌ・オルタンス (王妃オルタンス)

　ピオニー愛好家に人気の品種。柔らかで奥ゆかしいピンクと白いトーンがスタイリッシュに混じり合い、縁に切込みのあるふんわりとした花弁が何層にも重なって、しとやかにヴェールをかぶった中心を取り巻いています。心皮や柱頭は常に花弁に覆われていて、その華やかさを競い合うことはありませんが（p.56-57参照）、開花が進むにつれ、花弁に美しい深紅の斑や黄色いおしべが見え隠れします。花は最大10cm。欠点らしい欠点と言えば、賛否両論あるにおいでしょう。ムスクのようで、あまり好ましくないという意見もありますが、まずは自分で嗅いでみるのが一番です。いずれにせよ庭や室内に嫌な匂いを振りまくことはなさそうですし、芳香だという意見もあります。

　この花を1857年に発表したフランスの育種家ジャック・カロは、他にも大変な人気を博したピオニーを作出しています。名称の由来であるオルタンス・ド・ボーアルネ（1783-1837年）はジョゼフィーヌ・ド・ボーアルネの娘であり、ナポレオン・ボナパルトの義理の娘に当たります。彼女はナポレオンの弟ルイ・ボナパルトと結婚しましたが、決して幸せな夫婦ではありませんでした。夫がナポレオンからオランダ国王に指名されたのに伴い、彼女はオランダ王妃になり（1806-10年）、二人の間に生まれた息子は、最後のフランス皇帝ナポレオン3世となります。このピオニーが彼の母の名にちなんでレーヌ・オルタンスと命名されたのは、皇帝家への配慮からかもしれません。もう少し現実的な「プレジデント・タフト」という名でも知られています。

種類：シャクヤク
タイプ：八重咲き
開花期：初夏から晩夏
場所：日向か半日陰
土壌：肥沃で腐食質に富んだ土
株高：85cm
株幅：80cm
葉：濃いグレーグリーン
支柱：茎はしっかりしているが、花が重いため支えが必要なことも
切り花：長もちする
類似種：サラ・ベルナール（Sarah Bernhardt）

Blaze

ブレーズ（炎）

　鮮烈な紅色で一重咲き。直径15cmほどで、みっしりと茂る見事な葉の上で揺れる繊細な花が、庭を美しく彩ります。房飾りのようなおしべで、ショッキングピンクの花糸の先にバターのような黄色い葯があり、時と共に平らに開くと、おとなしい色の心皮とピンク色の柱頭が見えてきます。いろいろな植物と共に花壇に植えると楽しい花です。

　1973年にこのピオニーを発表したオーヴィル・W. フェイはイリノイ州ノースブルックの著名な育種家で、アヤメやユリやスイセンなども作出して、賞を受賞しました。

種類：ハイブリッドシャクヤク
タイプ：一重咲き
開花期：初夏
場所：日向か半日陰
土壌：肥沃で腐食質に富んだ土
株高：75cm
株幅：90cm
葉：標準的緑色
支柱：しっかりとした茎なので、ほぼ必要なし
切り花：優れた切り花
類似種：フレーム（Flame）

Renkaku

連鶴

　鶴にちなんだ名を持つこのピオニーの由来について、詳しいことはわかっていません。しかし1898年にはその存在が記録されているので、それ以前からあったものと考えられます。日本系ボタンの交配種で、大ぶりな花はとても愛らしく、白い花弁は羽毛のように軽やかで、まるで紙で作られたのかと思うほど。軽くひだが寄っていて、縁には切込みがあり、基部の繊細な淡いピンク色は時と共にあっという間に白くなります。中心には小さく黄色いおしべがあり、花の直径は最大20cm。夕陽に当たると、まるで内側から火が灯ったように見えます。紫色の小さな心皮が、クリーム色のさやに入っていますが、満開になるまで見えません。

種類：ボタン
タイプ：半八重咲き
開花期：晩春
場所：日向か半日陰
土壌：肥沃で腐食質に富んだ土
株高：1.2m
株幅：90cm
葉：濃い緑色
支柱：頑丈な茎
切り花：美しいがもちが悪く、たくさんの水を必要とする
類似種：島根白雁（Shimane-hakugan）

Rubra Plena

ルブラ・プレナ

　ピオニーと言えば、ほとんどの人がこの花を思い浮かべることでしょう。古くから庭を彩ってきた花で、もっとも広く普及している品種として知られています。つぼみは濃い赤で、見事な花が開くと花弁の赤があっという間に濃くなり、やがて軽いピンクに変わります。しっかりとドーム状に立ち上がった花弁は、おしべと心皮を覆います。花は最大15cmの大きさになり、非常に重く、雨が降ると地面に垂れてしまうことも。ほとんど香りはありませんが、非常に頑健な花です。

　ルブラ・プレナは何世紀にもわたって栽培されてきたシャクヤクで、起源はわかっていません。その息の長さゆえに、味気ない名前がつけられたのかもしれませんが、アメリカではメモリアル・デイ・ピオニーとも呼ばれています。メモリアル・デイ（戦没将兵追悼記念日）とは祖国のために命を落とした軍人への敬意を示す日で、5月の最終月曜日に当たります。ルブラ・プレナはこの時期に開花するので、故人に手向けるための花として人気となりました。1993年には英国王立園芸協会（RHS）のガーデン・メリット賞を受賞しました。

種類：シャクヤク
タイプ：八重咲き
開花期：晩春
場所：日向か半日陰
土壌：肥沃で腐食質に富んだ土
株高：60cm
株幅：60cm
葉：明るい緑色
支柱：必要
切り花：メモリアル・デイによく飾られる切り花
類似種：アンジェロ・コブ・フリーボーン（Angelo Cobb Freeborn）

Duchesse de Nemours

デュシェス・ド・ヌムール（ヌムール公爵夫人）

　威厳ある貴婦人のような花で、とてもエレガントでチャーミング。市販されているピオニーの中でも、一際人気の高い花です。ファンタン＝ラトゥールやモネなどの画家も、その美しさに魅せられて作品に残しました。緑がかった白いつぼみが開くと、麗しい白いボウルのような形の花が現れます。成熟するにつれ、外花弁がめくれて、内側へと向かう切込みの入った冠状の花弁が見えます。どの花弁も、基部は淡黄色。頑健で、一度根付くと惜しげもなくたくさんの花を咲かせ、スズランにも似た強く甘い香りを放ちます。花は最大で13cmほど。

　1856年に北フランス、ドゥエの育種家ジャック・カロにより栽培・発表された花で、彼は20もの新品種を作出し、その多くは現在でも広く愛されています。1993年には英国王立園芸協会（RHS）のガーデン・メリット賞を受賞しました。

種類：シャクヤク
タイプ：八重咲き
開花期：初夏
場所：日向か半日陰
土壌：肥沃で腐食質に富んだ土
株高：80cm
株幅：85cm
葉：濃い緑色
支柱：茎はとても頑丈だが、支えが必要な場合もあり
切り花：素晴らしい切り花で、よい香り
類似種：マダム・ルモワーヌ（Madame Lemoine）

DRAMATIC

ドラマティック

ピオニーの花の構造は、一編のドラマを思わせます。その姿は見るからにとても天真爛漫。5枚の花弁からなる一重咲きの花はエキゾティックで、斑やストライプ柄、あるいはその縁の形やさっと塗ったような淡い色、そして小さな斑点など多彩な表情で、視線を花の中心へと導いていきます。すると今度は大胆な色彩の数々が、豊饒さをアピールします。いかにも上品な八重咲きのピオニーでさえ、最初は魅力を隠しつつ、次第に花開き、これでもかと咲き誇る様は艶っぽいダンサーを思わせます。どの花も、花粉のにじんだ葯を支える花糸や、優雅な曲線を描く膨らみのある子房、湿った柱頭や花柱（雌しべの柱頭と子房をつなぐ柱状部）を誇示しています。これらは種子を作る部分。鮮やかでサイケデリックで性的な刺激をほのめかすその様に、見る者は目を奪われずにはいられません。こうした自己アピールが功を奏さなくとも、ピオニーの花はハリウッド女優並みにグラマラス。しかし実際は、これほど魅力的な美しさを誇る花の多くには繁殖力がなく、株分けのみでしか増やすことができません。けれども、花の様子はそうしたことを微塵もうかがわせません。

Bartzella

バートゼラ

　もっとも知名度の高いハイブリッドシャクヤクの1つで、1986年に発表されたときには大変な話題になりました。何とその株は1000ドルで取引されたとか。カナリア色の半八重咲きの花で、開花後にしおれた花を取り除くと、八重咲きのやや小ぶりな花が再び咲きます。それぞれの花弁の基部には赤い模様があり、花が開くに従って、中心にあるふさふさとした黄色いおしべが見えてきます。しっかりとした茎で、惜しげもなく咲く花は直径最大24cmになり、端正な葉の上へと伸びています。香りはスパイシーでレモンのよう。2回目の花が咲いたら、お礼肥をやって、翌年に備えましょう。

　バートゼラを作出したロジャー・アンダーソンは、祖母から中国系ボタン栽培について学びました。1972年にハイブリッドシャクヤクの品種改良を始めたものの、適切な種子親を獲得するのに10年、受粉成功にはさらなる年月がかかりました。バートゼラの場合、最初の30個の花が咲くまでに6年かかり、1992年にようやく市販されるようになりました。現時点では、アンダーソンはもっとも多くのハイブリッドシャクヤクを作出した育種家と言われています。バートゼラの名称は、フォート・アトキンソンに住む彼の牧師の名から来ています。

　2006年にアメリカ・シャクヤク協会の金賞を受賞し、2012年には英国王立園芸協会（RHS）からガーデン・メリット賞を授与されました。

種類：ハイブリットシャクヤク
タイプ：半八重咲きから八重咲き
開花期：晩春から初夏
場所：日向か半日陰
土壌：肥沃で腐食質に富んだ土
株高：75cm
株幅：90cm
葉：濃い緑色
支柱：しっかりとした自立型
切り花：優れた切り花で、1週間以上もつ
類似種：ガーデン・トレジャー（Garden Treasure）

Black Pirate

ブラック・パイレート（黒海賊）

　交配種のボタンで、春の終わりに爆発したように花咲く様子はとてもドラマティック。血のように濃い深紅で、時と共にさらに濃密に深みを増します。半八重咲きで、茎はまっすぐ伸びていますが、花は垂れ気味で、色鮮やかな中心をじっくり観察することができます。おしべには黄色い葯があり、それを繊細な赤い花糸が支えています。緑色の心皮の先にはピンク色の柱頭があります。繁殖がとても難しいため高価ではありますが、栽培はほかのピオニー同様簡単なので、最初に大枚をはたいて懐を痛めるだけの価値はあります。

　作出したアーサー・サンダースはピオニーの熱烈な愛好家で、生涯で実に17,224ものピオニーを作り出しました。ブラック・パイレートは1948年生まれ。サンダースは開花期間が長く、新たな色調の品種を作りたいと考えていました。完璧主義の彼は最良の品種しか発表せず、50年以上にわたる作出期間で、実際に栽培・販売に値すると見なされた交配種はわずか165。さらに驚くべきことに、サンダースはこうした作出作業を、ニューヨーク州クリントンのハミルトン大学で化学教授としてフルタイム勤務しながら続けていたのです。アメリカ・シャクヤク協会の理事、書記、副会長としても知られる人物です。

種類：ボタン
タイプ：一重咲きあるいは半八重咲き
開花期：晩春から初夏
場所：日向か半日陰
土壌：肥沃で腐食質に富んだ土
株高：1.2m
株幅：90cm
葉：濃い緑色
支柱：しっかりとした自立型
切り花：愛らしいが、やや下向き
類似種：ブラック・パンサー（Black Panther）

Coral Charm

コーラル・チャーム（サンゴ色の魅力）

　ピオニーの中には華やかな色調で、大胆な色の組合せを高らかに謳い上げるものがあります。コーラル・チャームもそんなピオニーの1つ。花嫁の母親が好むような無難なパステルカラーではなく、華やかなオレンジがかったピンク色で、蓮のような形の外花弁には光沢があります。オレンジイエローのおしべに向かって、色がグラデーションを描いていて、心皮は緑色。柱頭はラズベリーのようなピンク色です。モード雑誌ならこんな色の組合せなどありえないというでしょうが、結果はご覧の通りの見事さ。花は直径12cmに達し、時と共にクリームピンクとへ変わります（p.82-83参照）。

　1964年にイリノイ州ロンバードの育種家サミュエル・ウィッシング（1899-1970年）により世に出され、2012年には英国王立園芸協会（RHS）のガーデン・メリット賞を、1986年にはアメリカ・シャクヤク協会の金賞を受賞しました。

種類：シャクヤク
タイプ：半八重咲き
開花期：晩春から初夏
場所：日向か半日陰
土壌：肥沃で腐食質に富んだ土
株高：95cm
株幅：60cm
葉：濃い緑色
支柱：しっかりとした茎なので、必要なし
切り花：素晴らしい切り花で、薄緑の葉と花の組み合わせが映える
類似種：コーラル・サンセット（Coral Sunset）

Court Jester

コート・ジェスター

　小柄なハイブリッドシャクヤクで、6週間以上も開花します。2番咲きの花は1番目よりもさらに美しいという声も。アプリコット色で、基部には深いブルゴーニュワイン色の模様が見えます。時間と共に模様がにじんで、花弁のアプリコット色はクリーム色に変わり、あちこちが薄いピンクに覆われます。緑色の心皮は時間と共に深紫になり、その先にラズベリーピンクの柱頭が見えます。寄り添うようにこれを囲むのが黄色いおしべ。すべてが相まって、雨ににじんで広がる水彩絵の具を見ているかのような錯覚を起こさせます。多くのハイブリッドシャクヤクに比べて小ぶりな花で、直径はわずか10cm。心地よい香りを漂わせます。

　作出を手掛けたのはウィスコンシン州の育種家ロジャー・アンダーソンで、1988年に初開花し、1999年に世に出ました。

種類：ハイブリッドシャクヤク
タイプ：半八重咲き
開花期：晩春
場所：日向か半日陰
土壌：肥沃で腐食質に富んだ土
株高：80cm
株幅：60cm
葉：濃い緑色
支柱：必要なし
切り花：単独でも、青や紫の花と組み合わせても素晴らしく美しい
類似種：アンティゴネ（Antigone）

Duchess of Kent

ダッチェス・オブ・ケント(ケント公爵夫人)

つぼみがチューリップ型のボタンで、フリルのようなショッキングピンクの花弁が開き、時間と共に紫色へと変わっていきます。ほれぼれするほど大ぶりなコサージュのような花で、花弁が開くと色とりどりの中心部が姿を現し、風格あるラズベリー色の花柱(かちゅう)と柱頭が、新体操のリボンのように華麗にカーブしたりツイストしたりしています。クチュリエを思わせるとても大胆な色使いで、茎も赤です。

この日本系ボタンはケルウェイズにより1900年に発表され、ヴィクトリア女王の母后、プリンセス・メアリー・ルイーズ・ヴィクトリア・オブ・サクス=コバーグ=ザールフィールド(1786-1861年)への敬意をこめて命名されました。彼女は一人目の夫に先立たれ、ケント=ストラサーン公爵と1818年に再婚し、ケント公爵夫人となりました。娘のヴィクトリアは伯父のウィリアム4世の跡を継いで1837年にイギリス女王に即位しました。

種類：ボタン
タイプ：八重咲き
開花期：晩春から初夏
場所：日向か半日陰
土壌：肥沃で腐食質に富んだ土
株高：1.2m
株幅：90cm
葉：濃い緑色
支柱：しっかりとした自立型
切り花：美しく開くが茎が短め
類似種：ダッチェス・オブ・マールバラ(Duchess of Marlborough)に似ているが、マールバラの方がより薄いピンク

Gay Paree

ゲイ・パリー（朗らかなパリ）

　外花弁は目を引くような深いモーヴピンク。内側には、淡いピンク色で切込みの入った花弁状の
おしべが見事な房状になっています。上部は白く、基部は蝶々のような黄色いトーン。時間と共に軽
い香りを漂わせるようになり、外花弁の色が薄くなります。花弁化したおしべが成長すると花全体に
ボリュームが出て、直径10cmになります。

　1933年にアマチュアの栽培者エドワード・オートンにより発表され、2014年にはアメリカ・シャクヤ
ク協会のランドスケープ・メリット賞を受賞しました。

種類：シャクヤク
タイプ：アネモネ咲き
開花期：初夏
場所：日向か半日陰
土壌：肥沃で腐食質に富んだ土
株高：75cm
株幅：90cm
葉：標準的緑色
支柱：あれば望ましい
切り花：切り花として優れており、長もちする
類似種：マジック・オーブ（Magic Orb）

Salmon Beauty

サーモン・ビューティー

　サーモンピンクよりもシュガーピンクに近く、力強い八重咲きの華やかなピオニー。内側に反った花弁は、時と共にモーヴピンクから白へと変わります。外花弁は燦然たる花弁化したおしべを包み、全体に見分けがつかないほどかすかなディープピンクの線が入っています。

　このピオニーは1939年にグラスコックとオートンにより発表されました。ライマン・グラスコック（1875-1952年）はイリノイ州の建設業者で、高名なピオニー育種家になった人物です。アメリカの戦没者記念日、メモリアル・デイのためにピオニーを作ることにしましたが、記念日の時期である5月末までに咲く花が少ししかないことを不満に思い、オートンやクレムのような優れたアメリカの育種家たちと協力して、早咲きの品種を作りました。サーモン・ビューティーもその1つです。

種類：シャクヤク
タイプ：八重咲き
開花期：晩春
場所：日向か半日陰
土壌：肥沃で腐食質に富んだ土
株高：85cm
株幅：60cm
葉：明るい緑色
支柱：あれば望ましい
切り花：素晴らしい切り花で、長く強い茎がこれを支える
類似種：エマ・クレム（Emma Klehm）

Chocolate Soldier

チョコレート・ソルジャー

　小ぶりですが、彫刻のような、光沢のある濃い赤茶色の花を咲かせます。日本系品種ですが、八重咲きすることもあります。心皮はクリーム色で、上の部分はシュガーピンク。その周りを、明るい赤の花糸に支えられた長くて黄色い葯が囲んでいます。

　1939年にイリノイ州のエドワード・オートン・オブ・プリンスヴィルにより発表されました。銀行家だった彼は若いときにピオニーのナーセリーを立ち上げ、40年にわたる作業の中で約30の品種を作出しました。

種類：シャクヤク
タイプ：日本系、八重咲き
開花期：春半ば
場所：日向か半日陰
土壌：肥沃で腐食質に富んだ土
株高：70cm
株幅：60cm
葉：濃い緑色
支柱：茎が強いので、必要なし
切り花：素晴らしい切り花で、切り戻すと長もちする
類似種：ウィリアム・F. ターナー（William F. Turner）

Sequestered Sunshine

シークエステッド・サンシャイン（隠れた陽の光）

　名前からも想像がつく通り、生き生きとした黄色い花を咲かせるピオニーで、まっすぐな茎が葉の茂みから出ています。それぞれの花弁の基部には赤い斑があり、ふさふさとした黄色い花糸と黄色の葯からなるおしべが、心皮の周りで完璧な円を描いています。心皮は緑ですが、柱頭には燃えるようなラズベリーピンクがさっと乗っていて、すぼめた唇に塗られたルージュのよう。開花すると直径18cmになり、心地よいスパイシーな香りを漂わせます。

　このハイブリッドシャクヤクは偉大なるロジャー・アンダーソンにより作出され、1999年に発表されました。ナーセリー経営者として高い評価を受けるアンダーソンは幼少期に、祖母の庭に咲いている丸いシャクヤクのつぼみがパチンコの的にぴったりだということに気づいて、この植物に興味を持ったそうです。

種類：ハイブリッドシャクヤク
タイプ：一重咲きから半八重咲き
開花期：晩春
場所：日向か半日陰
土壌：肥沃で腐食質に富んだ土
株高：80cm
株幅：90cm
葉：レザーのようで、標準的緑色
支柱：しっかりとした自立型
切り花：優れている
類似種：バートゼラ（Bartzella）

Shawnee Chief

ショーニー・チーフ（ショーニー族の酋長）

　勢いがあり、たくましく、ほとんどの土壌で育つ頼もしいピオニーです。深みのある赤い花で、花弁が次々と開き、たっぷりとした鮮烈なラズベリーレッドが姿を見せます。日陰では色がさらに濃くなり、日に当たるとやや淡くなります。直径15cmの花からはよい香りが。華麗な花の中心には、厚くゴールドの房のようなおしべがあり、花弁の間から少しずつ姿を見せ始め、満開になったときにようやく現れます。

　1940年にこの花を世に出したマイロン・ビガーは、カンザス州の酪農家でしたが、1935年にピオニーの栽培に乗り出しました。彼の3.2ヘクタールの圃場では、毎年72,000から84,000の花が収穫されました。彼はただ花が自然に受粉するままにし、これが功を奏して約50の品種を発表しました。その功績が認められ、1977年には個人としてアメリカ・シャクヤク協会の金賞を受賞しています。

種類：シャクヤク
タイプ：八重咲き
開花期：初夏
場所：日向か半日陰
土壌：肥沃で腐食質に富んだ土
株高：95cm
株幅：60cm
葉：春にはブロンズ色で、次第に濃い緑色になる
支柱：必要なし
切り花：茎が長く、つぼみのときに切り戻すと綺麗に伸びる
類似種：フィリップ・リヴォワール（Philippe Rivoire）

White Cap

ホワイト・キャップ

　つぼみのときは外花弁がビーツのような深い赤なので、ホワイト・キャップという名は少し奇妙に感じられます。けれども名前の由来は花弁からではなく、その中心部から。開花すると、ピンクや淡いオレンジ色のぎざぎざした仮雄蕊が中央にふわりと盛り上がって、その不思議な姿はまるでシャーベットの帽子をかぶったよう。時と共に色が変わり、仮雄蕊はピンクのトーンから黄褐色、クリーム色、最後は白へと変わります。よい香りのする花は直径10cmほどで、しっかりとした色を保ち、午後は日陰になる場所を好みます。

　日本系の交配種で、1956年にジョージ・E. ウィンチェルにより発表されました。2009年には、アメリカ・シャクヤク協会からランドスケープ・メリット賞を授与されました。

種類：シャクヤク
タイプ：日本系
開花期：初夏
場所：日向か半日陰
土壌：肥沃で腐食質に富んだ土
株高：80cm
株幅：75cm
葉：標準的な緑色
支柱：頑強なので、ほぼ必要なし
切り花：素晴らしい切り花
類似種：ゲイ・パリー（Gay Paree）

Souvenir de Maxime Cornu

スーヴニール・ド・マキシム・コルニュ（マキシム・コルニュの思い出）

　オーガンジーで作ったコサージュのようなボタンで、繊細で透き通ったたっぷりの花弁は夕陽色。イギリスの画家J.M.ターナーの《戦艦テメレール号》を思わせる色合いで、黄色が徐々に柔らかなオレンジ色になり、次いでほのかな赤の混じるアプリコット色、ピンク色、黄褐色、レモン色、すみれ色へと長い時間をかけて少しずつ変わっていきます。満開になると、にぎやかなサルファーイエローのおしべが見えます。直径は最大20cm。

　1本の茎に最高で3つの花が咲き、この世のものとは思えぬ美しさ。その姿を隠すように頭を下げて、愛らしく垂れます。下を向いているのが残念と言う人もいますが、とても華麗な花なので、下から観賞できる位置に植えることがポイントです。

　フランス人育種家ルイ・アンリにより1897年に発表されましが、命名には植物学者でパリ植物園園長を務めたマリー・マキシム・コルニュ教授への一種の当てつけがうかがえます。というのも、教授はアンリを激励しながらも、いくら黄花を咲かせるルテアボタン（*P. lutea*）を交配しようとしても無駄な努力だと断言していたからです。けれども彼の作出したこの花の片方の親は野生種のルテア。アンリは教授の間違いを証明したのです。日本では「金閣」の名で知られています。

種類：ボタン
タイプ：八重咲き
開花期：晩春
場所：日向か半日陰
土壌：肥沃で腐食質に富んだ土
株高：1.2m
株幅：90cm
葉：明るい緑色
支柱：強い茎だが花と共に垂れ下がる
切り花：花瓶に入れると一層際立つ
類似種：カリーズ・メモリー（Callie's Memory）は色が似ているが半八重咲き。またはクロマテラ（Chromatella）

Rimpo

麟鳳

　日本からやってきた美しいボタンで、巨大な花の色合いはどこか宗教的。濃い赤紫で直径24cm
にもなり、時間と共に緋色から王者のような紫色へと変わります。よい香りで、中央には豊かな黄色
いおしべが見えます。花柱は白で、柱頭が突き出ています。この素晴らしい日本系ボタンは、1926
年以前に生まれたと思われます。

種類：ボタン

タイプ：半八重咲き

開花期：晩春

場所：日向か半日陰

土壌：肥沃で腐食質に富んだ土

株高：1.2m

株幅：90cm

葉：灰色がかった緑色

支柱：しっかりとした自立型

切り花：花瓶に飾るとドラマティックな効果大

類似種：ブラック・ドラゴン・ブロケード（Black Dragon Brocade）は同じくらい濃密な色だが、一重咲き

ピオニーは存在そのものがロマンティック。だからこそ今も、春の結婚式でもっとも人気の高い花なのかもしれません。ピオニーはロマンスや幸せな結婚、幸運を象徴するだけでなく、その絶妙な佇まいは私たちの内なるロマンティックな一面を引き出してくれます。

ピオニーの美しさは千年にもわたって崇拝されてきました。無数の芸術家やテキスタイルデザイナーたちはインスピレーションを得、ガーデナーや育種家たちは完璧な花を作ろうと、何年もの歳月をかけて交配を行いました。胸が締め付けられるほど愛らしく、よい香りを放ち、艶めかしく、花弁は泡のよう。柔らかなピンク色、アプリコット色、クリーム色と幅広くスウィートな色彩で、白から深紅、暗い赤まで微妙な陰影があり、レモンシャーベットから柔らかなイエロー、蝶々のようなイエローまで様々なグラデーションで楽しませてくれます。

ROMANTIC

ロマンティック

Sarah Bernhardt

サラ・ベルナール

　なんとも柔らかで、可愛らしく、ロマンティックでフェミニン。イギリス最大の花市場ニュー・コヴェント・ガーデンで、春の結婚式用のベストセラーピオニーなのもうなずけます。つぼみのときはラズベリーがところどころに入ったアイスクリームのような色合いで、ロマンティックで泡のように軽やか。ローズピンクのペチコートをまとっているかのようで、甘い香りを漂わせます。花弁の基部の色は濃く、時と共に白へと変わります。直径20cmもの大きさに達し、中心には黄色いおしべが環を描いています。サラ・ベルナールの欠点を挙げるとすれば、茎が弱いことで、力強い花を懸命に支えています。それでも、例年、シーズン最後に咲くピオニーの1つで、ピオニーを愛でる時間をより長引かせて庭を彩ってくれることを考えれば、こうした些細な欠点にも目をつぶりたくなります。

　フランスの偉大な育種家ヴィクトール・ルモワーヌにより1906年に発表されたこの偉大なる貴婦人のような花は、現在でも市場人気がもっとも高いピオニーの1つです。世界中のガーデンセンターで販売されており、切り花用に大量栽培されています。開花してから2週間もつのも嬉しい点。1993年に英国王立園芸協会（RHS）からガーデン・メリット賞を授与され、フランスの大女優サラ・ベルナール（1844-1923年）に敬意を表して命名されました。彼女自身もフランスでもっとも栄誉あるレジオン・ドヌール勲章を授与されました。

種類：シャクヤク
タイプ：手毬咲き
開花期：初夏から真夏
場所：日向か半日陰
土壌：肥沃で腐食質に富んだ土
株高：1m
株幅：90cm
葉：濃い緑色
支柱：ある方が望ましい
切り花：切り花として人気
類似種：レーヌ・オルタンス（Reine Hortense）、アルベール・クルッス（Albert Crousse）

Buckeye Belle

バッカイ・ベル

　つぼみの頃はブルゴーニュワインのような色で、開花すると、光沢のある濃色の花弁が美しいボウルの形を描きます。時と共に深紅になり、中心にはサルファーイエローの葯とそれを支える細く赤い花糸が。花弁状に変化したおしべは血のように赤く、クリーム色の心皮とラズベリーピンクの柱頭がさらに彩りを添えています。

　1956年にオハイオ州ローガン郡ベルセンター村のウォルター・メインズ（1880-1965年）により発表された花で、彼は郵便配達人、教師、鉄道員として働きながら、空き時間を利用してピオニーを育てました。3つの品種を作出し、そのうちの1つであるバッカイ・ベルは2009年にアメリカ・シャクヤク協会のランドスケープ・メリット賞を受賞しました。

種類：シャクヤク
タイプ：半八重咲き
開花期：晩春
場所：日向か半日陰
土壌：肥沃で腐食質に富んだ土
株高：90cm
株幅：90cm
葉：明るい緑色
支柱：頑丈な茎なので、支えの必要なし
切り花：一際人目を引く切り花
類似種：ブレーズ（Blaze）、イリニ・ウォリアー（Illini Warrior）

Canary Brilliants

カナリー・ブリリアンツ（カナリア色のブリリアントカット）

　この素晴らしい伊藤ハイブリッドは1つの色にとどまることなく、時と共に微妙に色合いが変わり、目が離せません。黄褐色のつぼみが開くと、大ぶりな薄紙のような花弁が姿を見せます。プリーツがついていて折り紙のようにたわみ、深いクリーム色の根元には淡いローズピンク色が混じり、アプリコット色、蝶々のようなイエローへと変わります。そしてだんだんとオープンカップ形へと変化しながら直径10cmに達し、ついには色鮮やかな中心が現れます。花弁の基部はチェリーレッド色に染まり、淡黄色のおしべがたっぷりと密集しています。緑色の心皮は最初のうちは黄色いさやに入っていて、しわができてはじけると、長く黄色い柱頭が現れます。花は色が変わるだけでなく、さらに濃くなる場合もあり、八重咲きのように見えることもあります。

　ロジャー・アンダーソンは独学でピオニー交配を行っていたアメリカの育種家で、1999年にこのハイブリッドシャクヤクを発表し、2010年にアメリカ・シャクヤク協会からランドスケープ・メリット賞を授与されました。

種類：ハイブリッドシャクヤク
タイプ：半八重咲き
開花期：晩春
場所：日向か半日陰
土壌：肥沃で腐食質に富んだ土
株高：70cm
株幅：90cm
葉：濃い緑色
支柱：頑丈な茎なので、必要なし
切り花：切り花向き
類似種：シンギング・イン・ザ・レイン（Singing in the Rain）

Charlie's White

チャーリーズ・ホワイト

　手毬咲きピオニーの例に漏れず、この花もおとなしめの緑がかった白いつぼみが華やかに成長し、その様子は目にも楽しく見事です。大輪のミルキーホワイトの外花弁が開くと、小さく盛り上がったクリーム色の内側の花弁がカーブしています。基部が黄色く、まるで内側から光に照らされているよう。花は直径15cmに達し、年と共に白くなり、日ごとに変化を遂げます。切り花として息の長い人気を誇り、軽い香りがします。

　このピオニーはチャールズ・G. クレムにより栽培され、1951年に彼の息子カール・G. クレムにより発表されました。チャールズは一族の中でも最初にピオニーに興味を抱いた人物で、その後ピオニー栽培はファミリービジネスとなりました。ウィスコンシン州アヴァロンのクレムズ・ソング・スパロー・ファーム＆ナーセリーでは、もうこの品種自体は販売されていませんが、現在もその他の多様なピオニーが盛んに栽培されています。

種類：シャクヤク
タイプ：手毬咲き
開花期：晩春
場所：日向か半日陰
土壌：肥沃で腐食質に富んだ土
株高：90cm
株幅：90cm
葉：濃い緑色
支柱：頑強な茎なので、ほぼ必要なし
切り花：魅力的で長もちする
類似種：ブライダル・ガウン（Bridal Gown）

Coral Sunset

コーラル・サンセット (サンゴ色の夕焼け)

　「サンゴ色の夕焼け」の名にふさわしく、つぼみから満開へと、まさに夕陽のごとく多彩に色を変えていきます。満開時の柔らかな輝きを放つ色合いは、イギリスの画家J.M.W.ターナーの作品《戦艦テメレール号》のよう。つぼみはスイカのようなピンク色で、次いで熟れたアプリコットのような色になり、やがて時と共にリッチなクリーム色へと薄くなっていきます。美しいカップ形の花を惜しげもなく咲かせ、直径は12cmほど。強い茎の先に誇り高く立ち上がっています。中心にある緑色の心皮の先には、シャーベットピンク色の柱頭があり、その周りをサルファーイエローのおしべがふさふさと取り巻いています。

　1964年にイリノイ州ロンバードに住むサミュエル・ウィッシングにより交配されたピオニーで、1981年にクレム・ナーセリーにより発表されました。2003年にはアメリカ・シャクヤク協会の金賞を、2009年にはランドスケープ・メリット賞を受賞しました。

種類：シャクヤク
タイプ：半八重咲き
開花期：晩春
場所：日向か半日陰
土壌：肥沃で腐食質に富んだ土
株高：80cm
株幅：60cm
葉：濃い緑色
支柱：頑丈な茎なので、必要なし
切り花：素晴らしい切り花
類似種：コーラル・チャーム (Coral Charm)

Duchess of Marlborough

ダッチェス・オブ・マールバラ（マールバラ公爵夫人）

巧緻で端正な姿をしたエレガントなボタンで、淡いピンク色の花を咲かせます。花弁にはひだあり、薄紙のよう。一見繊細な花ですが、控えめなスミレとは違って、しっかりとした灌木に育ち、花は直径30cmにも達します。ライムグリーン色の萼片（がくへん）が反り返ると、薄黄色がかったピンク色のつぼみが姿を現し、外へ向かって逃げ出すかのごとくはじけるように開花します。開花した花姿は、フランスの画家ファンタン＝ラトゥールの静物画のような繊細さと美しさ。柔らかなピンク色の花弁は花が開くにつれ色が薄くなっていき、調和を感じさせます。中央には緑色の心皮とラズベリーピンク色の柱頭があり、クリーム色のさやに入っています。これを取り囲むのが絡まるようなサルファーイエローのおしべで、ごく細いラズベリー色の花糸に支えられています。イギリスでもっとも人気のあるボタンの1つで、イギリスでピオニー栽培を手掛けるケルウェイズでは100年以上前から販売されています。

日本系の品種ですが、その由来は定かではありません。19世紀にイギリスやヨーロッパに輸入された多くの植物同様、この花もそのときに改めて命名されました。ケルウェイズは1897年にこの花を発表し、アメリカ出身の公爵夫人コンスエロ・ヴァンダービルト（1877-1964年）に敬意を表して命名しました。彼女は1895年、当時困窮していた第9代マールバラ公爵チャールズ・スペンサー＝チャーチルと結婚しました。しかし実は、彼女には別に愛する人がいて、上昇志向が強く娘のために爵位を熱望していた母を喜ばせるためだけに結婚を承諾したのです。コンスエロは莫大な持参金と共に嫁入りし、夫は実家ブレナム宮殿を改修することができました。当時はセレブ婚として大きな話題となり、新聞はこぞって書きたて、コンスエロは社会的には大成功を手に入れたものの、結婚生活は不幸でした。夫婦は1906年に別離の道を選び、20年後の1926年、結婚は無効とされました。

種類：ボタン
タイプ：半八重咲き
開花期：初夏
場所：日向か半日陰
土壌：肥沃で腐食質に富んだ土
株高：1.2m
株幅：90cm
葉：標準的な緑色
支柱：必要なし
切り花：素晴らしく美しいが、花が大きくアレンジとしての使い道が限られる
類似種：明石潟（Akashigata）、春日山（Kasugayama）

Felix Supreme

フェリックス・スプリーム

　艶やかで濃密な色が特徴の豪華なピオニーです。ラズベリー色とルビーレッドが魅力的に混じり合い、天気や時間で変化する光に伴って、その表情も変容を遂げます。つぼみは濃厚な赤で、サテンのような風合いのたくさんの花弁がきれいなカップ型に開きます。外花弁が反り返ると、美しく整った内側の花弁が見事にせりあがってきます。あちこちにシルバートーンが散り、完璧な波型のシルエットを照らしています。多花性のピオニーで、花の直径は15cmほど。フェリックス・クルッスと似ていますが、こちらの方がより丈夫で多花性と言われています。甘い香りがするためフラワーショップでも人気があり、つぼみのときにカットすれば1週間もちます。

　栽培者ニック・クリークはオランダ出身で、チューリップ栽培のためにセールスマンの仕事を辞め、自分のナーセリーを立ち上げてビジネスを展開する夢を実現しようと、アメリカに移り住みました。1923年にミシガン州ランシングに8ヘクタールの土地を購入し、コテージ・ガーデンズという名のナーセリーを設立しました。このナーセリーは現在でも順調に栽培を続けています。フェリックス・スプリームは1955年に発表されました。

種類：シャクヤク
タイプ：八重咲き
開花期：初夏
場所：日向か半日陰
土壌：肥沃で腐食質に富んだ土
株高：1m
株幅：80cm
葉：標準的な緑色
支柱：大ぶりな花で重いため、支えが必要
切り花：ゴージャスで香りがよい
類似種：フェリックス・クルッス（Félix Crousse）

Jan van Leeuwen

ヤン・ファン・レーヴェン

　純白の日本系ピオニーで、切り花として室内に飾っても、地植えでも映えます。つぼみは緑がかった白で、カップ形に開花すると、サテンのような白い花が現れ、カナリアイエローのふわふわとした仮雄蕊（ゆうずい）が緑色の心皮を取り巻きます。その上に可愛らしく乗っているのが、華やかな黄色い柱頭（かり）。花は直径10cmほどで、長くまっすぐな茎からはたくさんの腋芽が出ています。多くのピオニーとは違って、この花の若芽は赤ではなく緑。1928年にファン・レーヴェンにより発表されました。

種類：シャクヤク
タイプ：日本系
開花期：初夏
場所：日向か半日陰
土壌：肥沃で腐食質に富んだ土
株高：90cm
株幅：90cm
葉：濃い緑色で、端が端正な波型
支柱：必要なし
切り花：美しくよい香り
類似種：ホワイト・ウィングス（White Wings）

Monsieur Jules Elie

ムッシュー・ジュール・エリー

　自然からの偉大なる賜物とも呼ぶべき威厳あるピオニーで、19世紀後期に高名なフランス人栽培者フェリックス・クルッス（1840-1925年）により発表されました。彼は86ほどの品種を世に出した人物で、端麗なこの花は現在も変わらぬ人気を誇っています。

　つぼみのときは深いモーヴピンクで、突如現れるプリマバレリーナのチュチュのような花弁はふわりと美しくふくらみ、トーンの異なる様々な淡いピンク色に変化します。成熟するにつれ、外花弁は色が薄くなり、さらにふくらみを増します。その後、クリーム色で切込みの入った小さな花弁が現れ、中心のシュガーピンクの玉状の花弁を取り巻きます。直径20cmほどと大ぶりで、時と共に白くなっていきます。堂々たる姿で、優雅なバラの香りがします。

　フェリックス・クルッスは庭師一家の出身で、生涯園芸方面に従事しました。栽培者ジャック・カロからキュッシー伯爵のピオニーコレクションを引き継ぎ、これをもとに多くの品種を作出して、自国のみならずイギリスでもアメリカでも名声を博しました。1888年にこの花を発表し、1993年には英国王立園芸協会（RHS）のガーデン・メリット賞を受賞しました。

種類：シャクヤク
タイプ：八重咲き
開花期：晩春から初夏
場所：日向か半日陰
土壌：肥沃で腐食質に富んだ土
株高：90cm
株幅：90cm
葉：明るい緑色
支柱：花が大きく茎が細いため、支えが必要
切り花：どんなアレンジにもピッタリ
類似種：サラ・ベルナール（Sarah Bernhardt）

Karl Rosenfield

カール・ローゼンフィールド

　ミュージカル『パリの恋人』で、ケイ・トンプソン演じるニューヨークのファッション雑誌の編集者が、世界中の女性に向けて「Think Pink!（前向きに考えよう！）」と呼びかける場面があります。そんなときは、このピオニーを見れば、きっと前向きになるはず。

　カール・ローゼンフィールドはピンクを極めた品種で、強烈なトーンは輝きに満ちています。濃いチェリーレッド色のつぼみで、球形の花が開くと豪奢な濃いピンクになり、波立つ花弁は時と共にホットなショッキングピンクへと変化します（p.142-143参照）。直径15cmで、明るいイエローのおしべが中心で所狭しと環を描いています。花壇でも映えますが、切り花としても人気で、広く栽培されています。

　1908年にこの花を発表したカール・ローゼンフィールド（1855-1934年）はスウェーデン人で、14歳の時にアメリカに移住し、葉巻生産で頭角を現しました。1882年にネブラスカ州の農園を購入し、販売用ピオニーを栽培して、28の品種を世に出しました。

種類：シャクヤク
タイプ：八重咲き
開花期：晩春から初夏
場所：日向か半日陰
土壌：肥沃で腐食質に富んだ土
株高：80cm
株幅：75cm
葉：濃い緑色
支柱：茎は頑丈だが、支えが必要な場合もあり
切り花：切り花に最適
類似種：より濃い紫ピンクのウィリアム・F.ターナー（William F. Turner）

Mother's Choice

マザーズ・チョイス（母の選択）

　オーガンジーで作った大ぶりなバラのコサージュのように完璧な優雅さ。まるで中心から光がさしているようです。白のカラーチャートのごとく、様々な白のトーンを見せてくれます。緑がかったつぼみが開くと、芸術的なまでに整った花となり、花弁にはほんのわずかな白亜色、薄黄色がかったピンク、ミルク色、クリーム色、レモン色が見えますが、それらに共通しているのは確かな白。わずかながら緋色が透けて見える花弁もあり、まるで繊細な飾りのついたランジェリーのよう。時間と共に淡いピンク色に変わり、直径は20cm、心地よい香りを漂わせます。

　1950年にアメリカの栽培者ライマン・グラスコックにより発表され、1993年にはアメリカ・シャクヤク協会の金賞を受賞しました。

種類：シャクヤク
タイプ：八重咲き
開花期：初夏
場所：日向か半日陰
土壌：肥沃で腐食質に富んだ土
株高：80cm
株幅：80cm
葉：光沢のある緑色
支柱：茎が頑丈なので、ほぼ必要なし
切り花：とにかく映える
類似種：ラ・ロレーヌ（La Lorraine）

Mr. G.F. Hemerik

ミスター・G.F.ヘメリック

　遅咲きで、日本系ピオニーの中でももっとも育てやすく、ほとんど手がかかりません。つぼみは淡い
ピンク色で、外側の深いモーヴピンク色の花弁が開くと、陽光のように黄色い仮雄蕊(かりゅうずい)がふわりと現
れます。時と共に色が淡くなり、花弁は薄いピンク色に、小さな仮雄蕊はクリーム色へと変わります。
緑色の心皮の上には、リボンのような黄色い柱頭が。直径は10cmで、繊細な香りがします。茎は
背が高くまっすぐで、支えを必要としません。

　オランダのサッセンハイムの町で栽培を手掛けるレオナルド・ファン・レーヴェンにより、1930年に発
表されました。

種類：シャクヤク
タイプ：日本系
開花期：初夏から真夏
場所：日向か半日陰
土壌：肥沃で腐食質に富んだ土
株高：75cm
株幅：60cm
葉：標準的な緑色で縁が波打っている
支柱：必要なし
切り花：優れた切り花
類似種：ボウル・オブ・ビューティー（Bowl of Beauty）

My Love

マイ・ラブ

　暑さにとろけるイタリアンジェラートのようなピオニーで、花弁は乳白色。中心にはラズベリー色、アプリコット色、レモン色の線が入っていて、上部にラズベリー色が透けて見える花もあります。つぼみは淡い薄黄色がかったピンク色で、完璧なバランスです。薄紙のような花弁が開くと、ふんわりとしたパステルカラーのスウィーツのよう。たわみがあり、大ぶりなビンテージローズを思わせる佇まいです。花の直径は10cmほどで、真珠にも似た光沢と清らかさ。時間と共に純白に変わります。

　このピオニーを世に出したのは、ミズーリ州メアリービル在住の偉大なる栽培者ドン・ホリングスワースで、1992年に生み出されたこの花を含む84の品種を作出しました。

種類：シャクヤク
タイプ：八重咲き
開花期：晩春から初夏
場所：日向か半日陰
土壌：肥沃で腐食質に富んだ土
株高：90cm
株幅：75cm
葉：濃い緑色
支柱：頑丈な茎なので、ほぼ必要なし
切り花：ゴージャス
類似種：ノエミ・ドゥメ（Noémie Demay）

Red Charm

レッド・チャーム

　ロマンティック好きな人は要注目のピオニー。花屋に並ぶバラと同じく、血のように深い濃密な緋色ですが、月並みな連想など寄せ付けません。波立つ大輪の花は熱烈な情愛について、たくさんのことを暗示しています。軽く甘い香りのレッド・チャームは、ピオニーとしては人気No.1の切り花の1つですが、庭で地植えにしても映えます。交配種で、つぼみは深く濃いブルゴーニュワイン色。光沢のある外花弁が開くと、ドーム型の丸みのある小さな花弁化したおしべが現れます。その直径は15cmほど。花を支える茎は高く硬いので、支えの必要はほとんどありません。

　この花は1944年に、イリノイ州エルウッドの栽培者ライマン・D.グラスコックにより発表され、1956年にはアメリカ・シャクヤク協会の金賞を受賞しました。レンガ職人でのちに建設業に従事したグラスコックは、卓越したピオニー栽培者になりました。多くの品種を世に出し、その後娘エリザベスがピオニー栽培を引き継ぎました。

種類：シャクヤク
タイプ：手毬咲き
開花期：晩春
場所：日向か半日陰
土壌：肥沃で腐食質に富んだ土
株高：90cm
株幅：90cm
葉：明るい緑色
支柱：ほぼ必要なし
切り花：花屋で人気の切り花
類似種：ブラック・ビューティー（Black Beauty）

Singing in the Rain

シンギング・イン・ザ・レイン（雨に唄えば）

　変化し続ける水彩画のような、柔らかで愛らしいハイブリッドシャクヤク。ピンク色のつぼみが開くと、ピンクのストライプが入ったピンクトーンの黄色い花弁が姿を現します。時と共にピンク色は薄くなり、全体が黄色になります。心皮は緑色で、黄色い柱頭があり、サルファーイエローの葯に囲まれ、これをピンク色の花糸が支えています。軽い香りのこの花は直径15cmほどで、強い草茎に支えられ、それぞれの茎に多くの花が咲きます。名前が示す通り、大雨にもほとんど動じません。

　2002年にこの花を発表したドナルド・スミスはマサチューセッツ州ウェスト・ニュートン在住で、2003年に物理学の研究職を定年退職して以降、ハイブリッドシャクヤクの交配に打ち込み、40を超える品種を発表しています。

種類：ハイブリッドシャクヤク
タイプ：半八重咲き
開花期：初夏
場所：日向か半日陰
土壌：肥沃で腐食質に富んだ土
株高：90cm
株幅：1.2m
葉：標準的な緑色
支柱：必要なし
切り花：長い茎に支えられた端麗な花
類似種：パステル・スプレンダー（Pastel Splendor）

Yachiyo-tsubaki

八千代椿

　日本の木版画に描かれたピオニーそのもののような花で、高い人気を誇っています。しっかりとした灌木で、美しいシュガーピンク色の花が現れ、マットなブロンズ色の独特な葉と赤っぽい茎とのコントラストが印象的（p.164-167参照）。大ぶりな緑色に近い白のつぼみが開くと、繊細で紙のような質感の、気まぐれに切込みの入った花弁が渦巻くように現れます。花弁はピンク色で、基部はより濃いトーン。花開くにつれ、色が淡くなっていきます。中心に見えるのは、厚みのあるおしべの環。黄色い葯は紫色の花糸に支えられ、緑色の心皮は紫色のさやに入っています。さやが破れると、紫色の柱頭に美しく彩られた心皮が現れます。花は直径18cmほどで、しっかりと根付けば50ほどの花が咲きます。

　この日本系ボタンの由来ははっきりしていませんが、現在でも評価の高い品種です。「八千代椿」とは永遠の椿を意味します。

種類：ボタン
タイプ：半八重咲き
開花期：晩春から初夏
場所：日向か半日陰
土壌：肥沃で腐食質に富んだ土
株高：1.2m
株幅：90cm
葉：ややブロンズ色
支柱：ボウルに浮かべると愛らしい
切り花：愛らしく長もちする
類似種：明石潟（Akashigata）

FRAGRANT

フレグラント（香り）

　美しさもさることながらその心地よい香りも、ピオニーを育てる楽しみの1つ。力強くパンチのある香りもあれば、控えめで、近づいてかがないと感じられないほどほのかな香りも。複数の分析によれば、香りにはいくつかのパターンがあります。森林の香りのほか、バラやユリ、ティーローズ〔お茶の香りがするといわれる中国原産のコウシンバラ〕、紅茶、干し草やシトラス、ムスク、防腐剤のような香りもあり、温度、湿度、時間帯によって、香りの強さが変わります。早朝、陽光で暖められた花の匂いはもっとも強く香ります。ピオニーのエッセンシャルオイルは日中の気温上昇と共に蒸発するので、朝のうちに香りを楽しみましょう。香りは唯一無二のもの。深く吸い込んでみてください。ラベンダーやバラとは違って、ピオニーの揮発性のエッセンシャルオイルを抽出するのは容易ではありません。市販の香水にはピオニーの香りを真似た合成香料が使われていますが、この花の香りが感覚にもたらす無上の喜びには到底及びません。

Bowl of Beauty

ボウル・オブ・ビューティー

　外花弁は深いモーヴピンクで、直径20cmにもなる大ぶりなピオニーです。開花するとクリーム色の仮雄蕊がひらひらと姿を見せ、軽く甘いよい香りが漂います。中心では、心皮から繊細な淡いピンク色の柱頭が現れ、花を一層華やかに引き立てます。

　この花は1949年にオランダ、ボスコープの栽培者アート・ホーゲンドーンにより発表され、1993年に英国王立園芸協会（RHS）からガーデン・メリット賞を授与されました。

種類：シャクヤク
タイプ：日本系
開花期：初夏から真夏
場所：日向か半日陰
土壌：肥沃で腐食質に富んだ土
株高：90cm
株幅：90cm
葉：標準的な緑色
支柱：茎が強いので、ほぼ必要なし
切り花：美しく、1週間以上もつ
類似種：イヴニング・ワールド（Evening World）

Lady Alexandra Duff

レディ・アレクサンドラ・ダフ

　この堂々たる貴婦人のようなピオニーは販売数が飛び抜けて高いのですが、香りもよく、頑丈で、惜しげもなく長期間咲き誇るのがその理由でしょう。つぼみのときは薄黄色がかったピンク色で、開花するとピンクと白の花弁がふるふるとペチコートのように揺れています。基部の色は濃く、先端に行くほど薄くなります（p.178-179参照）。豊かな花弁の間からは、ゴールドのおしべがのぞきます。脇からも半八重咲きの花が咲きますが、品評会に出品する場合は、これらを摘み取ってメインの花に集中させます。直径は13cm。時と共に色が薄くなり、心地よい香りがします。

　この花は1902年にジェームズ・ケルウェイにより発表され、当時のイギリス皇太子アルバート・エドワード（のちのエドワード7世）の孫娘にちなんで命名されました。彼女の母はルイーズ王女、父はファイフ公爵およびマクダフ侯爵です。夫婦には男の子が生まれなかったため、ヴィクトリア女王は夫婦の娘が爵位を継ぐことを許可し、彼女の男性子孫が継承することと定めた勅許状を出しました。母が王女だったにもかかわらず、アレクサンドラにはプリンセスの称号はなく、その代わりにレディ・アレクサンドラ・ダフの称号を与えられました。1913年、親戚のアーサー・オブ・コノートと結婚し、生涯王族として公務を果たしながらも、第1次大戦時にはパディントンのセント・メアリー病院で看護婦として勤務しました。

　このピオニーは、1993年に英国王立園芸協会（RHS）からガーデン・メリット賞を授与されました。

種類：シャクヤク
タイプ：八重咲きから半八重咲き
開花期：晩春から初夏
場所：日向か半日陰
土壌：肥沃で腐食質に富んだ土
株高：90cm
株幅：60cm
葉：深緑色
支柱：大ぶりな花なので、支えが必要
切り花：茎にかたまって咲き、つぼみのうちに切り戻せば1週間以上咲く
類似種：ソランジュ（Solange）

Cora Louise

コーラ・ルイーズ

　水彩画家好みのコーラ・ルイーズは、つぼみのときは淡いピンク色ですが、開花するとあっという間に陽光のように白くなります。花弁には切込みが入っていて、基部の濃紫は白と混じり合っています。時と共に花弁の色が変化し、青みがかった白に近くなります。中心の緑色の心皮はピンク色のさやに包まれ、レモンイエローの柱頭の周りを、長くあちこちを向いたおしべが舞うように囲んでいます。黄色い葯はピンク色の花糸に支えられています。

　しっかり根付くと、満開時には50ほどの花を次々と咲かせます。花の直径は20-25cmで、数週間にわたり咲き続けます。軽く心地よい香りがあり、朝には陽光を帯びた花々の香りがピークに達します。たくさんの花を摘んで、その香りに満たされた空気を楽しんでみてください。

　このハイブリッドシャクヤクを作出したロジャー・アンダーソンは祖母にちなんで命名し、1986年に発表しました。

種類：ハイブリットシャクヤク
タイプ：一重咲きあるいは半八重咲き
開花期：初夏
場所：日向か半日陰
土壌：肥沃で腐食質に富んだ土
株高：60cm
株幅：90cm
葉：明るい緑色で時間と共に赤くなる
支柱：茎が頑丈なので、必要なし
切り花：茎を短めに切ってボウルに浮かべると、とても華やか
類似種：なし

High Noon

ハイ・ヌーン（真昼）

　この交配種のボタンはつぼみの頃はレモンイエローで、内側にカールした花弁が開くと、温かみのある蝶々のような黄色が現れます。花弁の基部は深い赤で、みっしりとした厚みのあるおしべがあります。赤い花糸に支えられた濃いゴールドの葯（やく）がバックの赤によく映えます。緑色の心皮はクリーム色のさやに入っていて、やはりクリーム色の柱頭がその先にあります。直径20cmで、時と共に淡黄色やクリーム色へと薄くなっていきます。

　花は美しく豊かな茂みに腰掛け、奥ゆかしく頭を垂れ、軽く甘いレモンのような香りを放っています。晩春に咲く上に、小さいながらも晩夏や初秋に返り咲くという大きな特徴があります。もっとも育てやすいピオニーの1つであることも嬉しい点。

　数々の素晴らしい品種を生み出した偉大なるアーサー・サンダースによるハイ・ヌーンは、彼の死の前年、1952年にデビューし、1989年にはアメリカ・シャクヤク協会の金賞を受賞しました。

種類：ボタン
タイプ：半八重咲き
開花期：晩春から初夏、初秋
場所：日向か半日陰
土壌：肥沃で腐食質に富んだ土
株高：1.5-1.8m
株幅：1.5m
葉：濃い緑色
支柱：強い茎
切り花：存在感大
類似種：黄冠（Oukan）

Dr Alexander Fleming

ドクター・アレクサンダー・フレミング

　フレンチカンカンのダンサーのペチコートのようにふわふわで、よい香り。けれども、このシュガーピンクの交配種の起源は定かではありません。中央の花弁は先端に行くほど色が薄くなって（p.188-191参照）内側にカールし、おしべは花弁の間に絶妙の間隔で散っています。惜しげもなく花を咲かせるため人気が高く、頑丈です。茎もしっかりとしていて、横からたくさんの腋芽が出ます。花の直径は20cm。強く甘い香りが漂います。

　この花の起源は不明ですが、1950年代から流通しており、それよりもずっと以前から存在していたと考えられます。

種類：シャクヤク
タイプ：八重咲き
開花期：初夏
場所：日向か半日陰
土壌：肥沃で腐食質に富んだ土
株高：1.05m
株幅：1m
葉ぶり：濃い緑色
支柱：茎が頑強なので、必要なし
切り花：個性的なアレンジメントができて、よい香りが周囲を包む
類似種：ディナー・プレート（Dinner Plate）

Festiva Maxima

フェスティバ・マキシマ

　作出されてから150年以上も経つフェスティバ・マキシマは、新参者たちにも押されることなく、ピオニー界の重鎮としてあがめられています。頑健で育てやすく、ゴージャスな花を咲かせることから抜群の人気。締まったつぼみが膨らみ、深紅が垣間見えてくると、フリルのついた白いチュチュがぱっと開きます。ミルク色のたっぷりとした花弁で、模様が散っているものやラズベリー色の波模様で縁取りされているものなどがあります。それでもフェスティバ・マキシマは純然たる白い花。各花弁はそれ自体がアートで、装飾的な赤い斑の濃淡は季節ごと、花ごとに異なります。薄い花弁から赤い柱頭がカラフルなリボンのように華やかに顔をのぞかせていて、一層エキゾティックな趣。花の直径は20cmで、バラを思わせる香りがうっとりとさせます。

　この花は1851年にフランス人育種家オーギュスト・ミエレズによって発表され、1993年に英国王立園芸協会（RHS）のガーデン・メリット賞を受賞しました。

種類：シャクヤク
タイプ：八重咲きから半八重咲き
開花期：晩春から初夏
場所：日向か半日陰
土壌：肥沃で腐食質に富んだ土
株高：90cm
株幅：60cm
葉：深緑色
支柱：花が大ぶりなので、支えが必要
切り花：息をのむようなよい香りの花。つぼみのときに切り戻す
類似種：ホワイト・アイボリー（White Ivory）

Shirley Temple

シャーリー・テンプル

　有名女優にちなんだこのピオニーは、その名にふさわしくたくさんの花を咲かせ、パステルカラーの花弁がフリルのようにふわふわとして、思わずうっとりと見とれてしまいます。ふっくらとした淡いピンク色のつぼみが開くと、しどけない花弁が堂々と咲き誇り、ピンク色からバニラ色そして白へと変化を遂げます。中心の仮雄蕊（かりゆうずい）からは、クリーミーなバターのような黄色がかすかに見え、内側から明かりで照らされているかのよう。大輪の花は直径20cmにも達し、素晴らしく甘い香りを誇っています。フリルワンピースのようでとても人気のある花ですが、その起源はわかっていません。

種類：シャクヤク
タイプ：八重咲き
開花期：初夏から真夏
場所：日向か半日陰
土壌：肥沃で腐食質に富んだ土
株高：85cm
株幅：85cm
葉：濃い緑色
支柱：ほぼ必要なし
切り花：茎がしっかりとしていて、見事な花
類似種：フローレンス・ニコルズ（Florence Nicholls）

Vivid Rose

ヴィヴィッド・ローズ

　挑発的なピンク色のヴィヴィッド・ローズは、たっぷりとしたスカートのような豪奢な花。バービー人形のお気に入りの花と言われても、不思議ではありません。直径15cmで、花壇で咲き誇る姿は見る者の目を惹き、光沢のある花弁はピンク色から柔らかなバラ色へと色調を変え、コケティッシュに自分をアピールします。長もちするため花屋で人気の花ですが、その美しさはもちろん、香りも魅惑的です。名前からもわかる通り、うっとりするようなバラの香りで、庭や室内でかぐわしい香りを漂わせます。花を支えるのはしっかりとした茎で、サクランボのような赤に染まります。

　ヴィヴィッド・ローズは1952年に、チャールズ・G. クレムと息子のカールによって世に出されました。チャールズは1903年にアメリカ・シャクヤク協会を創設した一人です。大恐慌の時期には、厳しい経済状況に屈してしまうナーセリーもありましたが、チャールズのナーセリーはピオニーの切り花販売で生き残りました。クレムはこうした困難な時代にもかかわらず、226ものピオニーを作出しました。

種類：シャクヤク
タイプ：八重咲き
開花期：初夏
場所：日向か半日陰
土壌：肥沃で腐食質に富んだ土
株高：60-75cm
株幅：75-90cm
葉：光沢ある濃い緑色
支柱：茎はしっかりとしているが花がかなり重いので、支えが必要
切り花：美しく長もちし、バラの素晴らしい香り
類似種：ムッシュー・ジュール・エリー（Monsieur Jules Elie）

Miss America

ミス・アメリカ

　ミス・アメリカはピオニーの新参者などではありません。すでに数々の賞を受賞し、現在でも賞を取り続けています。つぼみのときはバラ色ですが、開花するとあっという間に純白になります。カップ咲きで、切込みの入った花弁には軽くプリーツが入っており、フォルチュニドレス〔イタリアで活躍したファッションデザイナー、フォルチュニによるドレスで、プリーツがたくさん入っている。デルフォスガウンとも〕のよう（p.204-205参照）。中央には厚みのあるサルファーイエローのおしべがふさふさと揺れ、緑色の心皮を囲んでいます。花の直径は14cm。シトラスのよい香りがします。しっかり根付くと、一際鮮やかに咲き誇り、1シーズンで50もの花を咲かせます。また、種子からの栽培がもっとも容易な品種の1つとも言われています。

　花壇で育てても切り花としても美しく、広く親しまれています。シカゴ在住のジェームズ・R.マンにより栽培され、1936年に彼とJ.ファン・スティーンにより発表されました。特筆すべきは、1956年と71年に2回もアメリカ・シャクヤク協会の金賞を受賞し、2012年には英国王立園芸協会（RHS）からも金賞を授与されたことです。

種類：シャクヤク
タイプ：半八重咲き
開花期：晩春から初夏
場所：日向か半日陰
土壌：肥沃で腐食質に富んだ土
株高：90cm
株幅：90cm
葉：標準的な緑色で光沢がある
支柱：茎は強いが細いので、支えが必要な場合も
切り花：すらりとした茎に支えられ、長もちする
類似種：ズズ（Zuzu）

Gardenia

ガーデニア（クチナシ）

　淡い薄黄色がかったピンク色のつぼみが花開くと、美しく整った完璧な形の白いピオニーが現れます。どことなくクチナシを思わせる佇まいから、ガーデニアと命名されました。

　花弁は日陰ではピンク色ですが、直射日光に当たるとあっという間に白っぽくなります。けれども花弁の中央部分は、さっと筆で塗ったようにそこはかとなくピンク色を残している場合もあります。花弁を囲むゴールドのおしべが渦巻くさまは、まさに芸術。この白く輝く花の直径は20-25cmで、たくさんの腋芽があり、人目を引かずにはいません。その比類なき美しさは言うまでもなく、甘い香りも大きな魅力で、庭や室内をいい香りで満たしてくれます。アメリカの栽培者リンスにより1955年に発表されました。

種類：シャクヤク
タイプ：八重咲き
開花期：晩春から初夏
場所：日向か半日陰
土壌：肥沃で腐食質に富んだ土
株高：85cm
株幅：80cm
葉：濃い緑色
支柱：茎が頑丈なので、必要なし
切り花：切り花としても美しく、花屋で人気
類似種：デュシェス・ド・ヌムール（Duchesse de Nemours）

Mrs Franklin D. Roosevelt

ミセス・フランクリン・D.ルーズベルト

　アメリカでもヨーロッパでも人気の高いピオニーで、時代に左右されないスタイルと繊細な花の構造とが相まって、植物画から出てきたような非の打ち所のない佇まいです（p.210-213参照）。つぼみはシュガーピンク色で、内側にカールした薄黄色がかったピンク色の花弁が開くと、睡蓮のような花が現れ、時間と共に白くなっていきます。直径は10cmで、惜しげもなくたくさんの花を咲かせ、濃密な香りを放っています。

　この素晴らしいピオニーを1932年に世に出したのは、ミネアポリスでピオニーの交配を専門に手がけていたアロンゾ・B.フランクリンです。この花が発表された年、ルーズベルトは民主党候補として大統領選に出馬しました。花の名には、そんなルーズベルト一家への敬意が込められています。彼は1933年から45年まで大統領として4期を務め、妻のエレノアはファーストレディの役目を果たしました。このピオニーは1948年に、アメリカ・シャクヤク協会の金賞を受賞しました。

種類：シャクヤク
タイプ：八重咲き
開花期：初夏
場所：日向か半日陰
土壌：肥沃で腐食質に富んだ土
株高：70cm
株幅：70cm
葉：濃い緑色
支柱：必要
切り花：花屋で人気の花
類似種：マートル・ジェントリー（Myrtle Gentry）

育て方と管理の方法
GROWING AND CARE

　　　ピオニー栽培については、まことしやかな流説が数多くあります。よく言われるのが、
ピオニーは植え替えを好まないという説。実際はそんなことはないのですが、この場を借りて白状すると、
　　　　かつては筆者もこの知恵袋的な話を説いていたことがあります。
　　　かつて、父の家の庭にピンク色の大ぶりな「ルブラ・プレナ」が咲いていました。
　　そこから株分けしたピオニーを、何年間も引っ越しのたびに植え替えていたのですが、
　　　成功することもあれば、うまくいかないこともあり、引っ越しごとに弱っていき、
　　結局はあきらめた経験があるのです。そのときはピオニーの習性のせいだと恨みましたが、
　　　実際のところは、完全に私の怠慢でした。ピオニーの定着には時間がかかります。
　　すべては目に見えない地面の中で起こること。植物はひっそりと根を伸ばし、
　　　長い時間をかけて根付くのですから、適切な時期に適切な深さに植え、
　　土壌や場所に注意を払っていれば、きちんと根付き、長く楽しませてくれるはずです。
　　　　いい加減に地面に埋めるだけでは、うまくいくはずがありません。
　　快適な状態で管理されたピオニーは何年もの間惜しみなく開花するのですから、
　　　最初のうちは多少の手間暇がかかっても、大切に育てる価値はあります。

ピオニーの種類

　英語圏で言う「ピオニー（peony）」は、3つの種を指します。ボタン、シャクヤク、ハイブリッドシャクヤク（伊藤ハイブリット）で、後者は前者2つの交配種です。花の形は様々で（p.8参照）、色も目移りしそうなほど多様です。

ボタン（Tree peonies）
（ツリー　ピオニーズ）

　木本性（樹木）のため「木のピオニー」と呼ばれる品種ですが、木というよりも灌木ですし、さほど高く伸びないので、この名称にはどこか違和感が残ります。高さは種にもより

ますが、90cmから2.5mほどで、ゆっくりと育ちます。木の茎ですので、一度根付けば年ごとに若干の剪定をして、枯れ枝を取り除き、風通しをよくして全体的にすっきりさせてあげれば、よく育ちます。春半ばから晩春にかけて満開になり、目を楽しませてくれるでしょう。短い茎に支えられた花の中には、最大直径30cmと驚くほど大きいものもあり、1か月ほど咲き続け、秋になると落葉します。

シャクヤク（Herbaceous Peonies）
（ハーベイシャス　ピオニーズ）

　多年生の草本（宿根草）で60cmから1.3mに成長し、春には根から新芽が出て成長します。たいてい葉は赤み

がかっていて、緑色になり、秋には美しい色に染まります。品種にもよりますが、晩春から初夏にかけて開花し、数週間咲き続けます。花の形は様々で、茎と葉は成長期が終わると冬には枯れて地上部はなくなります。

ハイブリッドシャクヤク／伊藤ハイブリット
（Intersectional Peonies）

ボタンとシャクヤクの交配種。多様な色と、シャクヤクほどの大きさで、それぞれの長所を受け継いでいると言われ、より長期間開花します。開花が始まってから6週間以上咲き続け、種子とつぼみを同時につけます。花は夜になると身を守るために閉じます。成熟した株なら、ワンシーズンで30から50の花を咲かせます。ハイブリッドシャクヤクは1940年代から50年代にかけて、日本で伊藤東一氏により作出されましたが、伊藤氏本人は花を見ることなく他界しました。このとき作られたうちの4つが、氏の死から数年後の1974年にアメリカに持ち込まれ、以降、多くの交配種が生まれたのです。

ハイハイブリッドシャクヤクはシャクヤクに似ていますが、より多様な気候に強いのが特徴です。短い木の部分から新梢が出ますが、多年生のシャクヤク同様、秋になると枯れます。茎は葉の上まで延び、その先に花が咲きます。すっきりとした姿で、支柱で支える必要はありません。種子ができないので、株分けで増やします。1990年代には新品種が発表されて大変な人気を博し、1000ドルの値が付いた苗も。現在はそこまで高額ではないものの、他のピオニーに比べると高価です。

気候条件

ピオニーはアジア、ヨーロッパ、北アメリカの原産で、中国で初めて栽培されました。温度が急激に冷え込む中国の高原地方では、野生のボタンが咲き乱れています。ピオニーは寒さに耐えられるというだけでなく、開花のために必要としてもいるのです。次シーズンの開花に向けて、最低でも6週間は毎日4度以下の気温にさらす必要があります。ちょうどイギリスやヨーロッパ各地の冬の気温です。それより寒い環境でも咲きますが、その場合は冬の間マルチングで根を覆い、酷寒から守りましょう。春が来たら覆いをよけることを忘れずに。

冬が過ぎたら、温度管理が肝心です。シャクヤクの若芽は寒戻りに弱く、ボタンは霜が原因で一部の枝がだめになってしまうこともあります。ただし、また根元から伸びてきます。寒戻りする地域では、朝日が直接当たらない場所に植えておけば、寒さがゆっくりとほぐれ、ダメージも抑えられます。

植物の越冬可能性を地域別に見る「耐寒性ゾーン」では、アメリカは全部で11の地域に分けられ、フェアバンクスやアラスカなどのゾーン1では冬の最低気温が氷点下46度に達する一方、ハワイのようなゾーン11では4度以下に下がることはありません。シャクヤクはゾーン3−8で丈夫に育ち、ボタンは4−9で育ちます。とても熱心な愛好家の中には、こうした気温設定を克服して丈夫なピオニーを栽培している人もいます。温暖なゾーンでは早いペースで芽が出て、開花し、枯れます。そうした地域では通常の深さよりも2.5cmほど浅いところに植え、「アイシング」を行います。アイシングとは、冬の間毎週、ピオニーの上に氷嚢を置いて根を冷やす作業です。ゾーン9で栽培するなら、早咲きのピオニーがおすすめです。ボタンはゾーン2や3でも育ちますが、寒いと立ち枯れしやすく、小さく育ったり発育不全になったりするリスクもあります。

生育環境

シャクヤクは日向や半日陰（樹木などで直射日光が遮られて日陰になること）を好みます。日陰に植える利点は、花の数こそ少ないものの花が長もちすること。八重咲きのピオニーよりも一重咲きの栽培品種の方が半日陰に向

いています。ピンク色の花は日光に当たると変色しやすく、日陰での方が長い間綺麗な色を保ちます。日本のピオニーの愛好者の中には、傘で花を保護して美しさをキープして楽しむ人もいますが、一般にそこまでする人は少ないでしょう。ベニバナヤマシャクヤク（P. obovata）やもう少し小ぶりなヤマシャクヤク（P. japonica）のように、日陰で元気に育つ野生種もあります。

ハイブリッドシャクヤクは日向を好みますが、シャクヤクよりも適応能力があり半日陰でも育ちます。ただし半日陰は生育環境が劣るので、枝数や花の数が少なくなります。

ボタンも日向を好みますが、半日陰でも日陰でもしっかり育ちます。一部の野生種には、高木の下で陰になりやすい中国の森に自生していたため、ほとんど日が当たらなくても成長する種類もあります。ただし、強風で枝や茎が折れることがあるので、風の当たらない場所を選びましょう。

概してピオニーは休眠中は非常に頑健ですが、成長が始まったばかりのものや新芽は遅霜に弱いです。霜が降りやすい窪地や早朝に日光が当たるところを避ければ、ダメージを受けたとしても、そこがゆっくりと解けて回復しやすくなります。冬にシャクヤクの根を覆って保護することもできますが、春には必ず覆いを取り除いて、蒸れや害虫を防ぎましょう。

最適な苗床

土壌の質は粒子が細かい粘土、中間のシルト、荒い砂の含有量によって決まります。これらの粒子のサイズや割合が、土質に影響を与えます。ローム土なら、全体の10〜25％の粘土と粒子の混合が完璧で、適度な排水と保水により非常に肥沃な土壌になります。どのような土壌でも、培養土と肥料と石灰を適度に与えれば改良が可能です。

ほとんどの場合、ピオニー栽培に理想的なのは、中性からややアルカリ質の土壌。ボタンとハイブリッドシャクヤクは土が若干酸性でも育ちますが、発育具合は落ちます。ガーデンセンターなどには土壌のpH値の計測器キットが売られているので、自分の庭の値を計ってみてもよいでしょう。pH値が7なら中性、7以上だとアルカリ質です。値を多少変えることも可能で、硫黄を加えればより酸性になり、石灰を加えればよりアルカリ質になります。ピオニーは肥沃で水はけのよい土壌が大好き。いつもじっとりとしている土は好みません。

苗床の準備は、ピオニーを植える2週間ほど前から始まります。強い根を張るピオニーは、地中にも地上にも成長スペースを必要とするので、深く広い穴（幅30〜60cm）を掘ります。長い目で見ると、最初の段階で丁寧に作業することで、相応の結果が望めます。砂質の場合は、腐葉土や有機物を加えます。排水が充分でない土地や、強い粘土質の土地には、穴の底に砂利や小石を少々敷いて水はけをよくし、根に直接触れないように株元から少し離して培養土と堆肥を与えます。緩効性肥料を加え（骨粉なら根が丈夫に成長します）、庭の土を入れて埋め戻します。肥料をやり過ぎると、成長が遅くなり、花も少なくなります。特に窒素過多の肥料は、ピオニーを傷めてしまいます。

植え付け

専門的な理論以前に、ピオニーの植え付けには2つの鉄則があります。1つは適度な深さに植えること、もう1つはとにかく水はやり過ぎないことです。

シャクヤク

ナーセリーから根だけの裸苗のシャクヤクを購入すると、秋か初冬に届きます。届いたら、次シーズンに育つ新芽や根頭が見えるか、しっかりと確認しましょう。若芽のついているシャクヤクを植えるときの深さは、最高でも

地中から5cm程度。花が咲かないという失敗の一番の原因は、深く植えすぎることです。鉢植えのシャクヤクを庭に植える場合、ポットと同じ深さの穴を掘り、ポットに入れたまま庭土と一緒に埋めます。このとき株の土表面の高さが庭の土と同じ高さになるように植え付けます。複数植える場合は株間を90cmほどあけて、成長スペースを取りましょう。シャクヤクは50年ほど生きます。充分なスペースを取ることで、風通しがよくなり、病気にかかりにくくなります。シャクヤクは通常2年目で開花します。

植えたらすぐに水やりしますが、後は自然に任せましょう。雨が極度に少ない場合は、毎日少しずつ水をやるのではなく、1週間に2回、たっぷり水やりします。2年目も、よほど乾燥していない限り、同じ方法で水やりします。

ボタン

ほとんどのボタンは接ぎ木苗で栽培されています。秋に裸苗のボタンを植えるときには、接ぎ木の接ぎ口（台木に接ぎ木した茎のこぶ状の部分）を少なくとも地上から7.5cmの深さに植えます。こうすることで、接ぎ口からボタンの新たな根が出て、基部から若枝が伸びます。茎が1本だけでは心もとないですからね。

鉢植えのボタンなら季節を問わず植えることができますが、それでも秋に植えればより早く育ちます。鉢植えの土表面が地表と同じ高さになるように植えましょう。ただし接ぎ木の接ぎ口が見えている場合は、接ぎ口が前述と同じ深さになるように植えます。接ぎ木でなければ、鉢の場合と同じ深さに植えます。裸苗のボタンなら、茎の色を見れば土に埋まっていた線がわかるので、線に沿って植えます。

最初の4年間は、どの時点で開花するのかわかりませんので、開花しなかったからといって心配する必要はありません。葉がしっかりと茂っていれば、うまくいっていると考えてよいでしょう。シャクヤクと同じように、1度たっぷり

と水やりをしたら後は放っておきます。前にも述べたように、ピオニーはじっとりとしている土を好まないのです。

ハイブリッドシャクヤク

地植えの株が掘り返され、裸苗で秋から初冬に向けて出荷されます。苗が届いたら、地中5cmの深さに植えます。生産者によっては芽が地上の高さに来るように植える人もいますが、いずれにせよ、時間と共に根付きます。鉢植えの株は1年中売られていますので、鉢の土表面が地面と同じ高さなるように地植えしましょう。

鉢

若いボタンやハイブリッドシャクヤクなら、数年間は綺麗な鉢に植えたまま楽しむことができますが、最終的には地植えにしなければなりません。大きめの鉢（深さ横幅共に最低30cm）を選んで、根が育つよう充分なスペースを確保します。テラコッタなどの陶土の鉢なら、中に水がたまりにくいのでよいでしょう。土をベースとした培養土を選び、基部は水はけをよくします。水やりにはくれぐれも気をつけて。鉢植えのピオニーは地植えのものよりも水を必要としますが、同時にやり過ぎないよう、細心の注意を払わねばなりません。自信がなければ乾くままにしておきましょう。ピオニーは頑丈ではありますが、鉢植えの場合は厳しい寒さに根がやられてしまう可能性もあります。鉢全体を防寒材で覆うか、秋に鉢ごと地面に植えておいてもよいでしょう。

シャクヤクは鉢ではあまり育ちません。引っ越しの場合は、できれば秋に丁寧に掘り出して、園芸店やホームセンターなどで入手できるプラスチックボックスに入れます。1つのシャクヤクにつき1ボックス使い、根が広がるようにします。ボックスにはピートや堆肥などの有機用土（土を用いない用土）を入れ、できるだけ早く新しい家の庭に植え替えます。ただし真夏は避け、夏の間は丁寧に手入れを

シャクヤクの植え方

芽が地表から最大で5cmの
深さに来るように植える。

ボタンの植え方

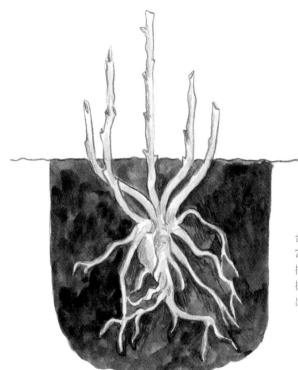

台木が少なくとも地表から
7.5cmの深さになるように植える。
接ぎ木苗の場合は、
接ぎ口が地表に
出ないようにする。

しながら気温が下がるのを待ちましょう。

花がら摘み

　ピオニーの花は、まるでシャワーのように花弁が一枚ずつ一気に落ちますが、残った若い果実も見ものです。けれども果実を放っておくと、翌年に花を咲かせるためのエネルギーが、種子を成長させることに使われてしまいます。翌年にあまり花が咲かないのを覚悟して果実の眺めを楽しむか、剪定ばさみで切り戻すかはあなた次第です。

支柱

　ハイブリッドシャクヤクとボタンには支えは不要ですが、大きな八重咲きの花が咲くシャクヤクは、頭が下がらないよう、支えをする方がよいでしょう。このとき、先回りして手入れするのがコツ。早春に新芽が出てきたところで、支柱や木の枝などで株の周りを補強しておけば、株が成長して目隠しになり、支柱は見えなくなります。支柱はシャクヤクの最終的な高さよりも15〜30cm低くします。はみ出していて自立できなさそうな茎は、支柱に結び付けてもいいでしょう。

　支柱に決まったルールはありません。春の気温や降雨量など環境的な要素によって茎の強さが決まり、品種によっては、ある年は支柱が必要でも、翌年は不要になる場合もあります。デュシェス・ド・ヌムールをはじめとするいくつかのシャクヤクは、毎年支柱を必要とします。

開花後の手入れと剪定

　秋には落ち葉を取り除いて焼却し、病気があってもそれ以上広がらないようにします。ボタンは剪定が必要で、新芽の膨らみが確認できる冬の終わりか早春に作業します。まず新芽のない枯れた枝を取り除きます。5年もすると茎が枯れるのは普通のことなので、心配は不要です。枯

れた部分を取り除けば、充分なスペースができて風通しがよくなり、病気にかかりにくくなります。残った茎も見えやすいでしょう。次に茎の上部、生きている芽のすぐ上を斜めに切ります。生きている芽はピンクになります。黒っぽい芽は枯れた芽です。

　茎が少ない場合は、基部から15cmほどの生きた芽のところまでいさぎよく刈り込みます。こうすることで強く育つでしょう。生産者は毎年剪定しますが、ボタンは多少放っておいても大丈夫です。ただし、何年かに1度は枯れた茎を取り除いた方が、新しい枝が育ちやすくなります。思い切った刈り込みは翌年の開花に影響しますが、長い目で見ればプラスに作用します。

肥料

　ボタンは、秋口に骨粉やバラ用化学肥料を追肥してやると喜びます。高濃度のカリウムが翌年の開花の助けになるでしょう。また、春に多目的肥料を軽く散布してもよいでしょう。

　シャクヤクには春に養分バランスのとれた一般肥料をやりますが、高窒素肥料は避けましょう。よい土壌で育っているなら、何年間も肥料なしで問題ありません。ハイブリッドシャクヤクにはもう少し手を掛けてやらねばならず、開花直前に葉が出てきたところで養分バランスのとれた一般肥料を与えます。花が終わったら、低窒素の肥料をまきます。ただし、あまり株の根に近いところにまかないように。根が伸びるので、しっかり栄養を吸収できるよう、茎から15cmあたりに肥料をまきます。マルチングをする場合は、地上に出ている芽の部分には覆いをかぶせないようにします。植え付けの深さが深ければ深いほど、病気にかかりやすくなります。

秋に株分けする方法

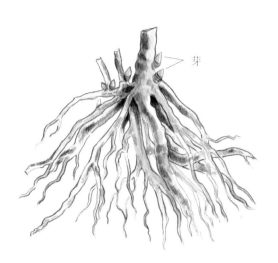

芽

1. 分割前の根株全体

2. 根についている土を洗い流して、
   根の構造を確認する。

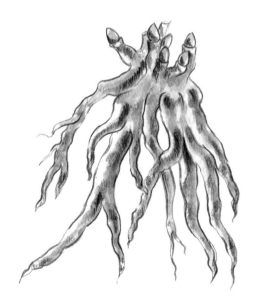

3. ナイフやのこぎりで根を分割する。
   このとき、それぞれの部分に少なく
   とも芽を3つ残す。

4. 最低でも一片が長さ15 ～ 20cmに
   なるように根を切って整え、細い根
   は取り除き、適切な深さに植える。

株分け

シャクヤクは数十年生きますが、20年ほど経つ頃にはやや弱くなるので、株分けした方がよいでしょう。花数が増えるのも、株分けの嬉しい点です。株が充分成熟する前、少なくとも3〜5年経過する前に分けるのは禁物です。10年以上経った株なら、掘り上げて分割する意味はありますが、もっとも健康な新しい根は根塊の周縁部にあることを念頭に置いておきましょう。中央部は古く、密集しています。

株分けは、必ず秋の乾燥した日に行います。乾燥している方が植物にも優しく、掘り下げるのも簡単です。シャクヤクの株分けは、草本植物をスコップで普通に掘り上げて2つに分けるときよりも、より慎重さが求められます。

まず株元から20〜25cmのところの土を掘り返します。外側へ伸びている根はもろいので、掘り上げるときにこれを傷つけないように注意しましょう。この距離のままスコップで土を掘り進め、株の下から掘り返して、持ち上がるかどうか確かめます。簡単に持ち上がらない場合は、もう少し深く掘ります。鋤よりもくま手の方が優しく掘れます。そっと株を持ち上げてから、茎についている土をホースの水で洗い流し、状態を観察しやすくします。休眠中の芽がいくつあるか数えて、清潔で鋭利なナイフを使って根をつけたままいくつかの部分に切り分けます。それぞれの切片に、休眠中の芽が少なくとも3つあるように留意しましょう。少し株をしおれさせると根はやや丈夫になるため、掘り上げ後に布や新聞をかぶせて日陰に2時間ほど置く生産者もいます。また細い根は切除して太い根だけを残した方がいいという生産者もいます。15〜20cm以上の太い根は、切り戻しましょう。分割した株は、シャクヤクの植え方（p.219参照）と同じ手順で植えます。

ハイブリッドシャクヤクも同じ方法で株分けできますが、必ず3年以内に行います。3年になる前でも、根がかなり木質化している場合があります。そうなるとナイフでカットするのは難しいので、のこぎりが必要になります。

ボタンは株分けできませんが、秋に植え替えることはできます。同じやり方で優しく掘り上げて（ただし根塊はずっと大きいので、株からさらに遠いところを掘らねばなりません）、初めて定植するときのように（p.218参照）植えましょう。

種子から育てる

種子からピオニーを栽培するには、聖人のごとき忍耐力が必要です。種子から育てたピオニーは、花が咲くまで成長するのに5年ほどかかるからです。けれども種子が黒くなると同時にまけば、種子の発芽抑制物質が働かず、休眠状態になることなく、すぐに発芽に至る場合もあります。また、野生のピオニー種は型通りの種子を生みますが、園芸品種や交配種は繁殖能力がないか、親花の姿に育つような種子ができません。繁殖能力のない株から果実ができることもありますが、中は空です。

秋、庭に準備した苗床に種をまきます。5〜10cmの間隔をあけて種をまき、その上から土を4cm程度かぶせます。地面が凍る時期になるまで苗床の湿度を保ち、冬の間はバークチップやワラ、園芸用不織布などで土表面を覆います。この覆いは春になったらよけますが、寒戻りや雪が予想される場合は、再度覆いをかけます。ピオニーの種子は発芽するまでに2度の休眠が必要です。つまり、発芽までに寒い時期を2度、その間の温かい時期を1度過ごす必要があります。最初の冬の後に根が伸長し、2度目の冬の後に茎が生育します。成熟した株とは対照的に、ピオニーの苗木は一度土から顔を出すと、陰を好み、真夏の暑さを嫌います。夏は乾燥したら水やりし、次の冬に土が凍ったら再び覆いをかけます。

発芽後1年は植え替えないようにします。株と株の間に

充分な間隔があれば、もっと長い間そのままでも大丈夫です。植え替えする場合は、真夏から晩夏にかけての時期がいいでしょう。そうすれば春の間頑丈に育ち、若い苗もしおれにくくなるからです。植え替えでは苗木を30cm間隔で植え、次の冬には覆いをかけて保護します。3年ないしは4年して開花するまで、株は成長しきっていません。

虫や病気

嬉しいことにピオニーには回復力があり、きちんと育てれば比較的トラブルの少ない植物です。田園でも、ウサギやシカは避けて通ります。剪定や切り戻しのときには、1本切るごとに剪定ばさみを10%に薄めた漂白剤に浸けると、万が一どれかがウィルスに感染していても他に伝染することがありません。ちょっとした外科手術をするようなつもりで清潔を保ってください。

ピオニーが病気になってしまったら、症状と次のリストを照らし合わせてみて、対処法を確認しましょう。

アリ

ピオニーの芽は甘い蜜を分泌するので、アリが寄ってきます。茎部分を忙しく上下するアリを見たことがある人もいるのではないでしょうか。なぜピオニーの芽がこうしたショ糖を分泌するのかはわかっておらず、もしかすると固い芽が開くとき、アリが何らかの助けになっているのかもしれません。アリはピオニーを傷つけているわけではなく、芽が開くとどこかへ消えてしまいます。しかしボトリチス菌（次項参照）やほかの病気に感染している場合は、アリがその菌糸を運んできた可能性もあります。秋になったら、枯れ葉や枯れ枝を取り除いてきれいにし、注意しながら育てましょう。プロの栽培者は「マシュマロ」段階（p.225参照）で花を芽のところで切ったり、芽の上にいる虫を拭き取ったり、払いのけたりして病気を予防しています。

ボトリチス菌

細菌によって引き起こされる植物の病気はたくさんありますが、立枯病（Botrytis paeoniae）はシャクヤクだけがかかる病気です。春や夏に多く発生し、特に数日間低温と雨が続くと病気になりやすいようです。残念ながらシャクヤクを襲うボトリチス菌はいくつもあります。新芽がベルベットのようなグレーのカビに覆われているなど、明らかな症状がないか確認しましょう。しおれたり黒く変色したりすることもあります。シーズン中に、成長したピオニーの芽が開かなかったり黒くなったり、花が枯れたりしたら要注意です。感染した花弁が落ちることで葉に斑点病が発生して、死んで茶色になった細胞の斑点ができ、茎にも茶色い斑ができてしおれてしまうこともあります。病気は植物に移って越冬し、死んだ茎には菌核と呼ばれる小さな黒い塊ができることがあります。そのままにしておくと、次の春も感染してしまいます。

予防と治療の両方が重要で、毎年秋に枯れた枝や葉を取り除いて清潔にし、シャクヤクの茎を地表と同じ高さにまで切り戻してください。ボトリチス菌に感染した場合はそれ以上広がらないよう、感染した葉や茎を堆肥に混ぜないように気を付けて、燃やすか捨てましょう。堆肥を株周辺の土にまく際は、地上部に芽がのぞいている根付近の土の高さは変えないように、その部分を避けて施します。

この時点で何らかの症状が出ているようなら、新芽が15cmの高さになったところで、殺菌剤を散布するのも手です。また、涼しくて湿っぽい天候には用心です。株に直接水をかけるのではなく、周辺にやって、葉や花や茎が濡れないようにしましょう。

根腐れ病

細菌や菌類から来る手強い土壌伝染病で、大体の場合、土壌が過度に湿っているかマルチング資材が根に近すぎるため、茎が衰弱してしまいます。もっとも簡単でし

かも効果大の解決法は掘り上げて焼却することですが、ピオニーを取っておきたいという人もいるでしょうから、その場合は根についた土をきれいに落として腐敗度を確認してみましょう。あまりダメージが広がっていなければ、感染している組織を切除して根に適応した薬剤を振りかけてみてください。今までと同じところに植えてしまうと再発するかもしれないので、より適した場所を探しましょう。

線虫

ピオニーの根は線虫に襲われることもあります。線虫は根を掘り進む回虫で、端に小さな塊を残します。そうした根は成長に必要な栄養を充分に吸収しにくくなります。ピオニーが小さく育ったり黄ばんだりしていたら、掘り上げて根を確認しましょう。回虫がいたらピオニーを焼却して、少なくとも一年は同じ場所には植えないようにします。

連作障害

バラについても言えることですが、ピオニーが植えられていたところに新たにまたピオニーを植える場合は、数年待ちましょう。生産者にとっては悩ましい限りですが、庭師にとってはさほど問題ではないでしょう。虫や病気の被害に遭ってしまったら、同じ場所には植えないのが一番です。万事順調ならもう一度同じところで試してみたくなるかもしれませんが、研究者の間では、連作障害の原因は、ある種に特有の菌類や細菌の増化、あるいは線虫が原因ではないかと言われています。つまり、同じ植物を長期間栽培するとその植物を好む特定の菌やバクテリアなどが集まりやすく、土壌バランスが崩れ病気になりやすいのではないかと考えられているのです。いずれにせよ、同じ場所に植える場合はしっかり検討することが重要です。

斑葉病
<small>はんようびょう</small>

病原はクラドスポリウム パエオニアエ（Cladosporium

paeoniae）で、ピオニーが麻疹にかかったようになり、赤紫のシミが葉や茎にできるので簡単に見分けられます。菌類による病気で、風通しが悪かったり、秋になって落ちた葉をそのままにしておいたりすることで発生します。生育環境をよく観察して、落ち葉を取り除き、秋に栄養をやるなど、優しく手を掛けてあげましょう。

疫病

フィトフトラ・カクトラム（Phytophthora cactorum）と呼ばれる菌類が原因の病気で、ボトリチスほど一般的ではありませんが、より大きなダメージを与えます。葉や芽がしおれて茶色くなり、茎が部分的に腐敗します。解決策は2つしかありません。掘り上げて株を焼却するか、傷んだ芽や茎をすべて取り除いて、適切な薬剤を散布するかです。いずれにせよ、治療の難しい病気です。

開花を妨げる主な原因

・植えた場所が深すぎる

・最近植えたばかり

・日陰すぎる

・水はけが悪い

・栄養不足

・開花期あるいは前年秋に水分が足りなかった

・霜が降りた

・株が古い

切り花としてのピオニー

　シャクヤクは切り花にぴったりで、切り花用に商業栽培されています。ボタンは浅いボウルに飾るとふわふわと漂ってうっとりするような姿ですが、茎が短いためにアレンジメントには不向きです。ハイブリッドシャクヤクも切り花向きですが、値段が高いので、シャクヤクのように気軽に切り花にするのは少し難しいかもしれません。

　最初のうちは辛抱強く、植えた後3年間はピオニーが強く育つのを待ってカットしないようにしましょう。しっかりと根付いたら、つぼみが開き、萼片が緩んで花弁の色が少し見えたところで切りましょう。この段階のつぼみは、マシュマロと同じくらいの固さです。理想的には茎が膨張している朝一番に切って、すぐに水に入れます。あまり茎の下の方で切らないこと。なるべく短く、少なくとも茎長の4分の1は残して切りましょう。茎や葉は光合成を続け、これが根に養分を供給しているからです。ピオニーはたっぷりの水を好みます。切ったあとしおれていたら、深いバケツに水を張って入れるか、浴槽に入れましょう。ピオニー

は花弁からも水分を吸収します。特にお店で購入したピオニーがこれに当てはまります。ピオニーは切り花としては長寿で、花屋は販売前に2週間ほど冷蔵庫で保管できます。冷蔵庫から出したら、茎を2.5cm切り戻して温水に浸けます。するとつぼみは8〜48時間で満開になります。

　花瓶に活けたら、毎日茎をほんの少し切って、水を変えれば長くもちます。水はあくまでたっぷりと。ピオニーは喉の渇きやすい植物で、特に活けてから最初の数日は水を欲しがります。ですからこまめに花瓶の水の高さをチェックして、必要に応じて足しましょう。

　スペシャルイベントのために特別華やかに咲かせたい場合は、品評会で使われている摘芽というテクニックがあります。茎の先端にもっとも近いつぼみだけを残して、すべてのつぼみを、出てきたらすぐに取り除きます。すると残ったつぼみは栄養を取り合う競争相手がいないため、より大きくより美しく咲くはずです。またつぼみを紙袋でそっと包んで、成長中の花を守るのも1つの方法です。

用語解説

GLOSSARY

アネモネ咲き（Anemone）：「翁咲き」とも言われる。大輪種の派手な花で、形は日本系ピオニーに似ているが、外側の花弁が、盛り上がった小さな花弁状の器官（花弁化したおしべ）を囲んでいる。「冠咲き（Crown type）」とも言う。

手毬咲き（Bombe）：八重咲きのシャクヤクで、花弁化した器官が中央で盛り上がっている。花が成熟するに従い、花弁がドーム型に巨大に開く。大ぶりな花なので、通常は支えが必要。球形に盛られたアイスクリームの型にちなんで「ボンブ」と命名されたといわれている。

八重咲き（Double）：多花弁の花。おしべは若干あるが、花弁に隠れてほとんど見えない。

半八重咲き（Semi-double）：一重咲きやアネモネ咲き、日本系よりも花弁が多いが、八重咲きほど多くはない。円状につく花弁と心皮の間に葯がある。

一重咲き（Single）：5枚から13枚の花弁で構成され、受精可能な花粉を作るおしべを持つピオニー。

日本系（Japanese）：シャクヤクの1タイプで、外花弁が開くと、花弁のような仮雄蕊が中央に現れる。インペリアルピオニーとも。

外花弁（Guard petals）：ピオニーの外側の花弁で、通常内側の花弁よりも大きい。

萼（Calyx）：萼片の集まりを指す。萼は緑色で、つぼみを覆って保護し、花が成長するに従って開く。

萼片（Sepal）：萼を構成する5つの緑の部分で、しっかりと閉じたつぼみの中に花を閉じ込め、反り返ると花弁が現れる。

葯（Anther）：花粉を作る部位で、花糸の上に位置している。葯と花糸がおしべを形成している。

柱頭（Stigma）：心皮から伸びる部位の先端で、ここに花粉がつき、受粉が起こる。花粉は柱頭から花柱へと降りていき、子房で受精する。これが発達して果実を作る。

花糸（Filament）：茎のようにひょろ長く、葯を支えている。花糸と葯でおしべを構成する。

心皮（Carpel）：花の繁殖を担うめしべの種子を作る器官で、受精を行う子房を含む。その後果実を作り、成熟すると裂ける。ピオニーには1つから最大15の心皮がある場合と、全くない場合がある。

おしべ（Stamen）：花の繁殖を担う雄の部分で、花糸と葯からなる。

仮雄蕊（Staminodes）：交配によりおしべが仮雄蕊になることがある。ピオニーの場合は、小さな花弁に似た形状になることで、おしべとしての機能をわずかに残している。全体あるいは先端が黄色い場合が多い。

さや・子房壁（Sheath）：薄い皮でカラフルな場合が多い。心皮を覆い、成長すると膨れて裂ける。

芽（Eyes）：小さなピンク色の芽は、翌年発芽する場所を示している。シャクヤクでは、今年伸びた茎の下にある根の地表部近くに芽を作る。ボタンやハイブリッドシャクヤクでは、地上部の茎にできる。

変種（品種）（Variety）：型通りに育ち、自然界で出現する植物を指す言葉で、その苗木も同じ特徴を備えている。

野生種（Species）：属に含まれる特定タイプの植物（ピオニーの場合ボタン属）で、自然環境の中で成長し繁殖する。

園芸品種（Cultivar）：品種改良で生まれた栽培用の変種。種子からは同一の個体はできず、株分けや接ぎ木で無性（栄養）繁殖する。

交配種（Hybrid）：異なる属、種間等の交配によってできた品種。

ハイブリッドシャクヤク（Intersectional）：ボタンとシャクヤクを掛け合わせて作られた園芸品種で、伊藤ハイブリッドとも呼ばれる。短く細い木性の茎からシャクヤクの芽が成長する。

伊藤ハイブリッド（Itoh）：ハイブリッドシャクヤクとも呼ばれる。（ハイブリットシャクヤクの項参照）

花がら摘み（Deadheading）：しおれた花を株から取り除くこと。

裸苗（Bare-root）：休眠期に掘り上げられた株。根がついたまま保湿梱包材に包まれて売られており、そのまま再植できる。

Balling（ボーリング）：花が開かずにつぼみのまま朽ちる発育不全。気温が低く雨が降った後に、花が日光に当たることで、濡れた外花弁が癒着してしまうのが原因。

Petaloids（ペタロイド）：花弁状に変化した器官で、おしべよりも仮雄蕊で発達することが多い。仮雄蕊と同じくペタロイドも品種改良の中から生まれた。花弁よりもなめらかな質感で、色の幅が広い。アネモネ咲きピオニーに普通に見られる。

INDEX

ピオニー 掲載品種一覧

謝辞 ジェーン・イースト
JANE'S ACKNOWLEDGEMENTS

まずフォトグラファーのジョージアナ・レーンにお礼申し上げます。彼女の確かな目は、素晴らしい花々の魅力や美しさを余すところなく捉えています。完璧な花を撮影しようと世界中を巡り、なかなか見つからない品種を探し出してくださいました。彼女のおかげで、ここまで完成度の高い本ができました。

ここには書ききれないほど多くの方々に助けていただきました。辛抱強く優しく無数の問いに答えてくれた方々なくしては、この本はあり得なかったでしょう。とりわけケルウェイズ社のデーヴ・ルートは、絶品ピオニーのリストアップを手伝ってくださっただけでなく、知識やノウハウを鷹揚にご教示くださいました。氏の助言がなければ、筆者は途方に暮れていたことでしょう。

可愛らしいイラストを寄せてくれたソマング・リーにも感謝いたします。パヴィリオン社のケイティ・コワン、編集者のクリシー・マレットとダイアナ・ヴォウルズの親身な励ましと寛大な心遣いと熱意にもお礼申し上げます。エレガントなデザインをしてくださったミシェル・マックとリー＝メイ・リム、信頼を寄せてくださったポリー・ポウェルにも感謝を。特にクリシーとダイアナは、筆者が本書執筆中に不注意にも腰を骨折して、締め切りや編集スケジュールを一から組み直すことになったときには、並外れた忍耐力と心遣いを見せてくださいました（治療してくださったマーク・アンドリューズ氏とそのチーム、世話してくださった看護師の皆様、再び体を動かすことができるようにしてくださった理学療法士の方々にも感謝いたします）。

夫であるエリック・マスグレイヴは、本書執筆中の私を助け、看護師と主夫の役割を担ってくれました。注射を用意したり、コンピューターの前まで歩くのに手を貸してくれたり、優しくいつでもユーモアを欠かしませんでした。文句の1つも言わず、とまではいかなくとも、とても辛抱強く支えてくれました。子どもたち―フローレンスとテディ―は私を元気づけようと、忙しいスケジュールを割いてとんぼ返りで会いに来てくれ、私が執筆に集中できるよう、家事を手伝ってくれました。フローレンスは、時間を都合して本書の初校のチェックまでしてくれました。

私に執筆をすすめ、本書のテーマを理解してくれようとしてくれた優しい友人アーロン・オグルズと、困っているときに1度ならず手を差し伸べてくれた素晴らしい友人ジャン・ラヴに感謝いたします。

謝辞 ジョージアナ・レーン

GEORGIANNA'S ACKNOWLEDGEMENTS

本書で紹介されている美しいピオニーは、イギリス、フランス、アメリカで撮影されました。ほぼすべての撮影は戸外や庭園で行われましたが、以下に挙げる、ピオニーをこよなく愛する人々の協力が実って、数々の写真が生まれました。

ジェーン・イーストの雄弁な文章は、ピオニーについての興味深い詳細やあらゆる情報のみならず、画像だけでは説明しきれないそれぞれの特徴を余すところなく伝えています。洞察と知識を結び付ける彼女の手法には、いつも感銘を受けます。

ワシントン州ファーンデイルのノース・フィールド・ファームのジェラルディン・キルドーは、私のプロジェクトのためにもう何年も前から、ピオニーの切り花の比類ない優雅さについて惜しみなくご教示くださっています。彼女の情熱や喜びは人々を感化し、彼女を誰よりも楽しい花の愛好家たらしめています。彼女のファームは美のオアシス。本書で紹介している多くのピオニーは彼女の手によるもので、追い込みの撮影でも、ごく限られた時間しかないにもかかわらずたくさんの花をご提供くださいました。巻末の華麗なピオニーカーペットも、そんなふうにして撮影された1枚です。

イギリスのケルウェイズ・プラント社は、160年以上にわたりピオニーの栽培・作出でトップを占めており、役員もスタッフも重要な役割を担ってきました。本書に掲載するピオニーを選ぶにあたって、取締役のデーヴ・ルートは非常に貴重な助言を下さり、チェルシー・フラワーショーの準備でご多忙だったにもかかわらず、ケルウェイズ社の全コレクションにアクセスできるよう、時間を割いて配慮くださいました。ケルウェイズ社で過ごした数日間は大雨続きだったのですが、ピオニーマネージャーのリンダ・バットの明るさはそれを補って余りあり、花をセットしたり、場合によってはうまくアレンジしてくれたりと、とても親身に協力してくださいました。またご自分の庭から貴重なブラック・パイレートをわざわざお持ちくださったりもしました。

フランスのソルシュ城でボタン・シャクヤク保存園を開いていらっしゃるベネディクト・ド・フーコーは、世界でも有数のコレクションをお持ちで、私をお城に快く迎え入れ、2000品種以上が育つ息をのむような庭園を案内してくださいました。この素晴らしいお城と庭園では、稀有な美しさを誇るいくつものピオニーを撮影することができました。

早咲きのボタンを探していた私のためにファームと圃場を案内してくださったワシントン州スノホミッシュのA&Dピオニーズのドンとキースにも、深くお礼申し上げます。

オレゴン州セーレムのアデルマン・ピオニー・ガーデンでは、同社の大規模なコレクションから、多くの貴重なボタンの写真を撮影することができました。

イギリス、サマートンのリンチ・カントリー・ハウスは温かみあふれる園で、そこで働く素晴らしい方々は、私の訪問中に吹き荒れた暴風雨にも耐え抜いた唯一のルブラ・プレナを提供くださいました。

p.137で紹介されている可愛らしいハナミズキとコマドリの花瓶は、著名な陶器職人ラーク・ロドリゲスの作品です。

家族と主人のデイヴィッドは、出張続きで不在がちな上に、世界のどこかに咲く特殊なピオニーを見逃しているのではとパニックに陥りそうになる私を、いつも明るく支えてくれました。

この本の実現のためにご尽力くださり、素晴らしいプロジェクトに参加する機会を与えてくださったパヴィリオン・ブックス社の発行者ポリー・ポウェルと出版部長ケイティ・コワン、コミッショニングエディターのクリシー・マレット、デザイナーのミシェル・マックに心からの感謝をささげます。

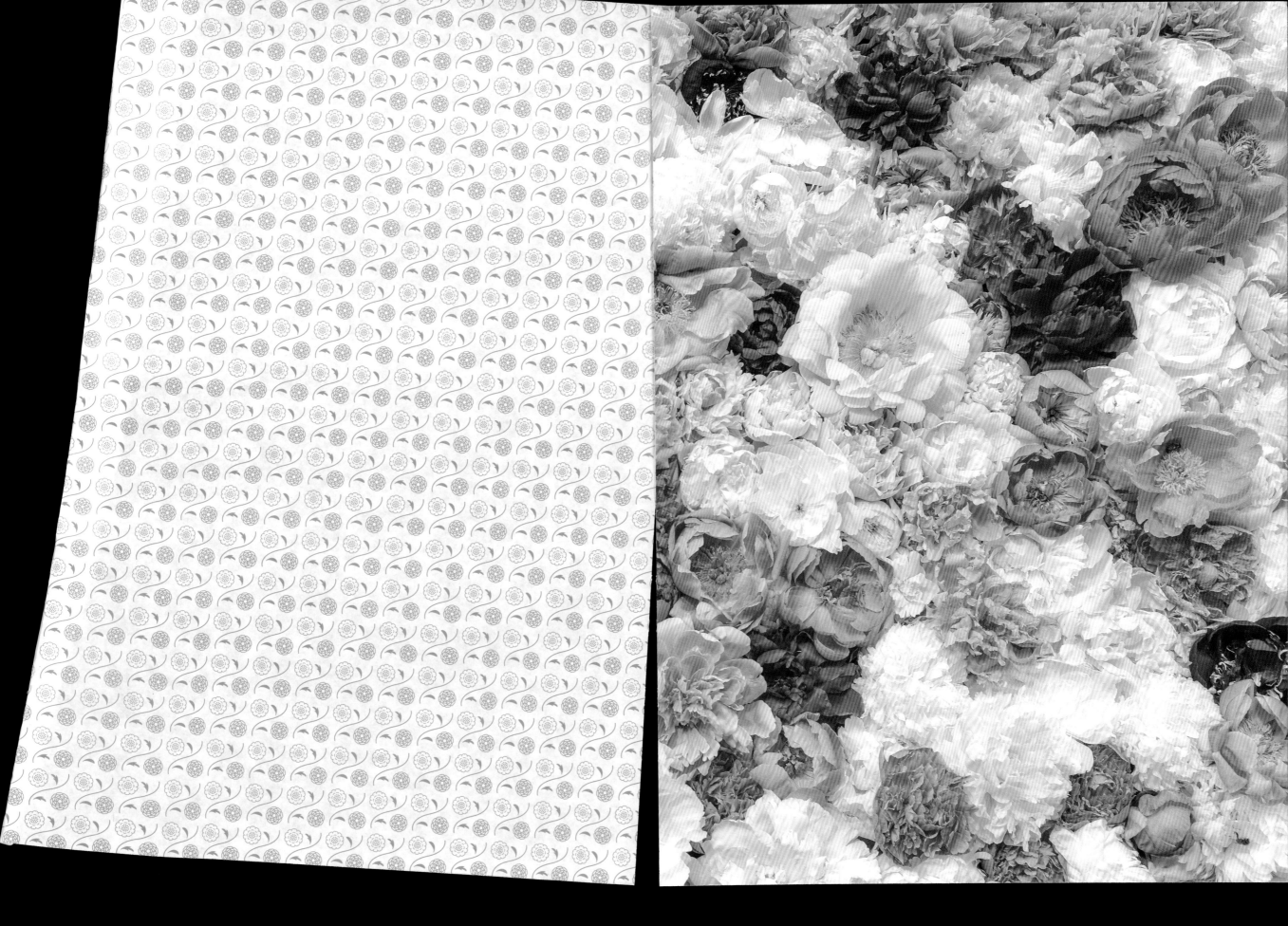

PEONIES
beautiful varieties for home and garden

First published in the United Kingdom in 2018 by Pavilion
43 Great Ormond Street London

Text Copyright © Jane Eastoe 2018
Photography Copyright © Georgianna Lane 2018
First published in the United Kingdom in 2018 by Pavilion,
An imprint of Pavilion Books Company Limited, 43 Great Ormond
Street, London, WC1N 3HZ

Japanese translation rights arranged with Pavilion Books Company
Limited, London through Tuttle-Mori Agency, Inc., Tokyo

This Japanese edition was produced and published in Japan
in 2021 by Graphic-sha Publishing Co., Ltd.
1-14-17 Kudankita, Chiyodaku,
Tokyo, 102-0073, Japan

Japanese translation © 2021 Graphic-sha Publishing Co., Ltd.

Japanese edition creative staff
Editorial supervisor : Yuji Kurashige
Translation : Hanako Da Costa Yoshimura
Text layout and cover design : Tomomi Mikozawa
Editor : Saori Kanasugi
Publishing coordinator : Senna Tateyama (Graphic-sha Publishing Co., Ltd.)

暮らしを彩る
美しい牡丹と芍薬

2021年1月25日　初版第1刷発行

著者　　ジェーン・イースト（© Jane Eastoe）
　　　　ジョージアナ・レーン（© Georgianna Lane）（撮影）
発行者　長瀬 聡
発行所　株式会社 グラフィック社
　　　　〒102-0073 東京都千代田区九段北1-14-17
　　　　Phone 03-3263-4318
　　　　Fax 03-3263-5297
　　　　http://www.graphicsha.co.jp
　　　　振替：00130-6-114345

印刷・製本　図書印刷株式会社

制作スタッフ
監修　　倉重祐二
翻訳　　ダコスタ吉村花子
組版・カバーデザイン　神子澤知弓
編集　　金杉沙織
制作・進行　竪山世奈（グラフィック社）

ISBN 978-4-7661-3433-9　C2077
Printed in Japan